LES QUARTIERS PAUVRES DE PARIS

3983 — Paris. Typ. Morris père et fils, rue Amelot, 64

ÉTUDES MUNICIPALES

LES

QUARTIERS PAUVRES DE PARIS

LE

20ME ARRONDISSEMENT

PAR

LOUIS LAZARE

EN VENTE :

AU BUREAU DE LA BIBLIOTHÈQUE MUNICIPALE

Paris, Boulevard du Temple, 10,

ET A LA SUCCURSALE

Rue du Ratrait, 24 (*ancien Ménilmontant*)

1870

INTRODUCTION

Nos articles publiés dans le journal *le Peuple Français* sur les *quartiers pauvres de Paris* ont eu un retentissement qu'il était facile de prévoir.

Ce retentissement, nous le considérons comme le présage d'une véritable *Renaissance administrative*.

En effet, jamais à aucune époque les habitants de Paris n'ont discuté plus chaleureusement les actes de l'administration municipale; on les interprète avec vivacité dans les salons, dans les ateliers, dans la rue, partout.

Cette disposition des esprits est excellente; ces discussions, bientôt, produiront un frottement électrique, d'où jaillira la lumière sur les actes de nos administrateurs.

Non-seulement les Parisiens veulent savoir comment on a dépensé les deux milliards mis à la disposition de l'autorité municipale, mais ils croient encore avec raison qu'ils ont droit à l'honneur d'être consultés sur la direction nouvelle qu'il importe d'imprimer au plus tôt à toutes les grandes opérations de la ville de Paris.

C'est évidemment pour leur faciliter l'initiation aux actes de M. le Préfet de la Seine que bon nombre des lecteurs du *Peuple Français* nous ont engagé à reproduire, en les développant, nos articles publiés dans ce journal, et d'en composer autant de brochures que la Ville de Paris renferme de quartiers pauvres.

Notre ouvrage profitera grandement de la réunion de nos articles en un volume. En effet, tout en exprimant notre reconnaissance envers le journal qui nous a donné une hospitalité si courtoisement généreuse, il n'en faut pas moins reconnaître cette vérité que le fractionnement d'une œuvre administrative, qui laisse toujours le lecteur en suspens, énerve l'écrivain dont le travail souffre d'être ainsi déchiqueté. Puis il se sent à l'étroit, toujours gêné, sur le lit de Procuste, dans une feuille politique.

En administration municipale, l'écrivain n'admet pas de système et ne distingue aucune nuance politique. Il professe un principe, un seul, mais il est huit fois séculaire, constamment vrai, toujours jeune de droiture et de pureté. Ce principe inflexible le fait chêne, jamais roseau. Il sait qu'il remplit une obligation d'honneur, un devoir toujours sacré que nos anciens et dignes échevins de Paris traduisaient en ces termes, que le temps n'a pas déflorés :

« *Gardons-nous de donner la picorée à notre ambition, que tous nos actes soient inspirés par ce désir constant de réaliser le plus de bien possible en faveur du pauvre et menu peuple, à cette fin que sa reconnaissance rende la tâche du souverain plus facile, plus heureuse et mieux méritante aux regards de Dieu !* »

Selon nous, l'administration municipale actuelle a méconnu ces sages maximes ; c'est parce qu'il a dérogé que nous sommes l'adversaire du Préfet de la Seine. Que de bien ce magistrat pouvait réaliser, que de sympathie il pouvait conquérir au grand profit de l'autorité, quelle sainte mission, enfin, il avait à remplir !

Disons tout ce qu'il pouvait faire, et voyons ce qu'il a fait.

C'était une grande et généreuse pensée que lui donnait à traduire le souverain par la transformation du centre de Paris. En effet, depuis des siècles, le centre de cette ville était sillonné de ruelles étroites et malsaines ; toute une population d'artisans et d'ouvriers naissait, souffrait, mourait sans sortir d'une atmosphère putride. C'était faire acte d'humanité que de mettre un terme à cet entassement de chair humaine, de complicité permanente avec toutes les épidémies, fauchant de préférence nos classes laborieuses.

Mais en les forçant de quitter le centre de Paris, où le prix des locations cessait d'être accessible à nos ouvriers, l'humanité commandait de leur accorder de justes compensations.

Il fallait, en même temps qu'on élargissait les voies de l'intérieur de Paris, qu'on faisait le vide par de grandes trouées, improviser aux extrémités de la ville de modestes et nombreuses constructions en rapport avec cette formidable émigration.

Il fallait, dès le jour où cette grande mesure de l'extension des limites de Paris était arrêtée en principe, s'abstenir de toute opération luxueuse dans les quartiers riches ou aisés, en vue d'économiser les ressources de la ville pour donner le strict nécessaire aux quartiers pauvres.

Loin de là, les travaux de luxe ont été continués, poursuivis avec une activité plus fiévreuse encore; des avenues, des boulevards sans nombre ont été créés, improvisés, surtout à l'ouest de la ville, au moment où nos classes laborieuses étaient repoussées au loin.

Tandis que l'administration municipale dépensait les millions par centaines pour ces nouvelles voies et les abords si mal compris, si difformes du nouvel Opéra, les taxes d'octroi de Paris frappaient dans l'ancienne banlieue, brutalement annexée, nos artisans et nos ouvriers. Ils étaient refoulés dans ces localités, véritables Sibéries, sillonnées de ruelles étroites, de chemins tortueux, sans pavage, sans éclairage, sans marchés, privées d'eau, où tout manquait enfin.

Voyons ce qu'a produit l'accumulation monstrueuse des grands travaux, principalement à l'ouest de Paris :

L'augmentation foudroyante de la population dans le sens dangereux des classes nécessiteuses. En effet, cette exagération devait exercer une attraction irrésistible sur les cultivateurs, les artisans et les ouvriers de nos provinces.

Le soir, à la veillée, lorsque le maître d'école, le savant de la commune faisait la lecture du *Grand Journal*, une commotion électrique parcourait tout l'auditoire, écoutant ce passage, qui semblait emprunté aux *Mille et une Nuits* : « On dépense en travaux de luxe dans Paris, chaque année, une centaine de millions. » Il semblait à ces bons paysans qu'il pleuvait dans la capitale de l'or, des perles et des diamants. Les jeunes, en grand nombre, ont émigré, les vieux sont restés.

— Mais, répond le Préfet, c'est l'achèvement des voies de fer, qui toutes rayonnent sur Paris, qui est la cause réelle de cette émigration.

— Assertion fausse et calculée, réplique la province; les cultivateurs et les artisans de nos villes secondaires sont venus envahir la ville de Paris avec la pensée d'y travailler moins durement, d'y vivre plus à l'aise en gagnant davantage.

Lorsque le magistrat, pour excuser son exagération, vient nous dire ensuite en forme de consolation : la mortalité a diminué relativement dans Paris.

Parbleu ! c'est facile à comprendre. M. le Préfet enlevait à la province les jeunes et les valides, qui sont venus naturellement augmenter la durée moyenne de l'existence dans Paris.

Cette exagération désordonnée des travaux à l'ouest de la ville a produit également une hausse excessive des terrains, un agiotage, triste et honteuse réminiscence de cette frénésie excitée sous la régence du duc d'Orléans par le tripotage sur les actions du Mississipi.

Que de fortunes imméritées et scandaleuses! Le sens moral de Paris, d'où part le premier rayonnement qui éclaire le monde, n'est-il pas continuellement offensé par ce contact de la richesse qui ne doit qu'au hasard ou à la spéculation le droit d'insolence qu'elle s'arroge?

Ce qu'il y a de plus affligeant encore, lorsqu'on remue cette boue de spéculation véreuse, c'est d'y trouver des noms qu'il semblait impossible d'y ramasser, tant leur notoriété devait être pour eux une obligation d'honneur et de loyauté.

Enfin l'exagération des dépenses superflues en faveur des quartiers riches devait amener fatalement l'interruption prolongée des travaux urgents dans les quartiers pauvres, et cela peu de temps avant les élections.

En effet, à peine l'administration municipale avait-elle jeté par terre de splendides hôtels des rues de la Paix, Louis-le-Grand et du boulevard des Capucines, dont huit seulement ont coûté plus de 17 millions, qu'elle renvoyait, faute d'argent, les ouvriers travaillant dans les chantiers établis dans la zone annexée (1).

(1) Il n'y a pas depuis plus de huit mois un seul ouvrier dans la nouvelle mairie en construction dans le 20e arrondissement. (2 novembre 1869.)

Paris avait mis huit siècles à devenir une grande capitale. En moins de soixante années, Paris a plus que doublé son étendue et triplé sa population.

Mais le vrai peuple parisien, homogène, sans croisement, cherchez-le maintenant.

Il est étouffé, aplati sous plusieurs couches provinciales. Quel contraste il faisait avec cette variété, ce mélange de peuplades, de caractères opposés, de natures différentes ou hostiles, ayant abandonné, pour se jeter sur Paris comme sur une proie, père, mère, femme et enfants, tout ce qui fait la joie pure de ce monde par l'accomplissement du devoir !

Qu'a produit cette agglomération provinciale dans Paris ? De longs et cruels chômages et l'avilissement du salaire par une concurrence fiévreuse, au grand détriment des ouvriers parisiens. L'industrie et le commerce seraient pour eux suffisamment rémunérateurs ; mais, comme il faut qu'ils partagent avec les provinciaux et les étrangers, leur gain diminuant, c'est le pain des enfants que cette concurrence ruineuse a rogné.

Enfin, voici le bilan de la situation actuelle de Paris :

Sur deux millions d'habitants, la capitale ne compte pas vingt-cinq mille personnes véritablement riches, cent soixante mille à peine jouissent d'une certaine aisance ; puis une population flottante de cent mille provinciaux ou étrangers, en tout trois cent mille qui dépensent largement.

Mais en face de ce contingent de richesse et d'aisance, se dresse une agglomération formidable d'ouvriers et d'artisans, dont les trois quarts manqueraient du nécessaire si le travail leur faisait défaut durant un mois seulement.

Les arts ont groupé dans Paris toutes leurs merveilles, le luxe toutes ses séductions, les plaisirs toutes leurs variétés ; mais tout ce luxe, toutes ces séductions, toutes ces merveilles sont enfermés, cerclés, bloqués dans une ruche immense. Autour de la Cité Reine se dresse une formidable cité ouvrière : l'une est parée de soie, de velours et de diamants, l'autre n'a d'ordinaire que son vêtement de travail.

O folie ! avoir appelé à sons de trompe toute cette population ouvrière de la province, pour constituer une majorité pauvre dans Paris! Avoir mis toutes les séductions aux prises avec toutes les convoitises, la satiété avec la faim, le superflu avec la misère!

Qu'on demande donc enfin à M. le Préfet de la Seine combien son administration a créé, d'un côté, d'amis dévoués à l'autorité, et, de l'autre, quel est le nombre d'adversaires dont elle a grossi les rangs!

LES

QUARTIERS PAUVRES DE PARIS

LE 20e ARRONDISSEMENT

I

Nous avons une ambition, une seule, c'est de renseigner fidèlement l'autorité sur la situation des quartiers pauvres de Paris.

Si le 20e arrondissement est le dernier dans l'ordre numérique, il a droit à la priorité dans nos réclamations, parce qu'il est le plus malheureux.

Le tableau de sa misère, nous l'empruntons à ses magistrats eux-mêmes :

XXe arrondissement.—Mairie de Ménilmontant.

HIVER 1868-1869.

Le maire, les adjoints et les administrateurs du bureau de bienfaisance.

A MM. les habitants de Paris.

A l'approche de l'hiver, nous venons adresser un nouvel appel à votre charité.

Le 20e arrondissement, formé de Ménilmontant, de Charonne et de la partie la plus malheureuse de Belleville, se trouve être aujourd'hui, par l'augmentation toujours croissante de sa population indigente et son manque absolu de ressources intérieures, un des plus pauvres de Paris.

Nos ménages inscrits, qui, il y a quatre ans, étaient au nombre de 2,000, ont doublé maintenant et représentent 12,000 individus secourus ; de plus, les malades soignés par notre bureau depuis le 1er janvier de cette année jusqu'à ce jour ont atteint le chiffre de 6,000, sans compter

1,200 accouchements opérés par nos sages-femmes.

C'est donc avec confiance que nous nous adressons à vous. Votre offrande, quelle qu'elle soit, sera accueillie avec reconnaissance, et grâce à votre concours nous pourrons soulager d'une manière plus efficace les misères plus nombreuses qui nous entourent et qui grandissent encore avec la saison rigoureuse.

Agréez, etc....

Morel Fatio, maire, président; *Héret* et *Le Blévec*, adjoints-présidents; *Milan*, administrateur, vice-président; *Merché*, administrateur, ordonnateur; *Meunier*, administrateur, secrétaire honoraire; *Saugé*, *Bonnet*, *Bouvier*, *André*, *Collaux*, *Bégard*, *Hagène*, *Gewer*, *Garlin*, administrateurs.

Ce document officiel ne donne qu'une idée bien affaiblie de la misère dont souffre le vingtième arrondissement.

Outre les personnes secourues, il existe un plus grand nombre de nécessiteux qui n'ont pas droit à l'inscription réglementaire.

Il en est du vingtième comme du treizième; ils sont frères par l'indigence. Or le maire du treizième arrondissement s'exprime en ces termes dans un appel semblable à la charité publique :

A MM. les habitants de Paris.

« Quinze mille indigents inscrits, comprenant
» cinq mille ménages; un plus grand nombre de
» nécessiteux *n'ayant pas droit à l'inscription*
» *réglementaire*, *mais qu'il faut absolument*
» *secourir:* tel est le bilan de nos misères, etc....
» Lebel, maire; d'Enfert et Robin, adjoints.»

Un simple calcul de proportion entre la population du treizième et celle du vingtième nous permet d'affirmer que ce dernier arrondissement, renfermant à peine cinquante mille habitants, compte au moins vingt-cinq mille nécessiteux.

II

Maintenant, d'où vient cette population? De quelle manière s'est-elle recrutée? Quels sont ses besoins, et comment les satisfaire? A chacune de ces questions nous allons faire une réponse nette et précise.

Rappelons d'abord pour mémoire la circonscription du 20e arrondissement de Paris. Il est limité au midi par les anciens boulevards extérieurs, au nord par la voie militaire, à l'ouest par la grande rue de Belleville, à l'est par l'avenue de Vincennes.

On sait que nos arrondissements excentriques ont été formés, depuis 1860, par l'annexion à Paris d'une grande partie des anciennes communes constituant ce qu'on appelait *la banlieue* de cette ville.

Il importe de faire ici un rapprochement qui n'est pas sans intérêt. Quelle était, il y a un siècle, la situation de cette zone qui a plus que doublé l'étendue de Paris?

Pour répondre à cette question, nous traçons sur un plan de 1769 les boulevards extérieurs qui n'ont été formés qu'en vertu d'une ordonnance du bureau des finances à la date du 16 janvier 1789. Puis, sur ce même plan de 1769 nous indiquons la ligne circulaire que décrit de nos jours le talus gazonné des fortifications. Eh bien! dans cet emplacement si considérable, qui renferme plus de 44 millions de mètres superficiels, on comptait, en 1769, 52 habitations princières avec des parcs magnifiques, des bois d'une vaste étendue, puis des champs, des prairies immenses toujours cultivés avec soin, parce que leurs produits, fleurs, fruits et légumes, se vendaient à beaux deniers dans la grande ville.

Châteaux, parcs, bois, prairies, presque tout a été démoli, abattu, morcelé, détruit.

Maintenant, limitons nos études au 20e arrondissement, et voyons quelle était sa situation il y a un siècle environ.

A peu près au contre de ce territoire, vers l'ouest, se dressait *l'ancien château de Ménilmontant*, qu'on appelait, vers le milieu du siècle dernier, *le retrait Pompadour*. Ce château est maintenant occupé par un orphelinat desservi par des religieuses, bonnes et douces sœurs de charité qui suivent une règle différente de celle que pratiquait *la belle damnée*, comme l'appelait Marmontel alors qu'il papillonnait autour de Cotillon II. Mais, puisque le mot charité s'est heureusement trouvé sous notre plume, disons que la marquise de Pompadour, courtisane à Versailles, avait parfois du cœur à Ménilmontant.

Dans un acte établissant la propriété d'un champ depuis 1768, nous lisons ces mots : «... *Lopin de terre d'un quart d'arpent environ avec maisonnette, au lieu dit les Montibœufs, donnés par Mme de Pompadour à Jeanne-Mathurine Bécheux, gardeuse de moutons, pour lui faire une dot et qu'elle épouse son amoureux, Pierre-Eustache Corterousse, nourrisseur à Charonne.* »

Le château de Ménilmontant, ce retrait Pompadour avec ses dépendances, absorbait le quart environ du 20e arrondissement actuel. Après la mort de la marquise, ses héritiers démembrèrent cet ancien domaine, dont une partie fut achetée par *Mme Favart*, que courtisait un peu militairement le maréchal de Saxe, sans préjudice de l'abbé Voisenon. Plus tard, le Père Enfantin fonda tout à côté la maison des *Saint-Simoniens.*

Le parc de Ménilmontant était limité au sud-est par un autre domaine appelé *le Mont-Louis,* et qui appartenait aux R. P. Jésuites ; c'est aujourd'hui le cimetière du Père-Lachaise. Le chemin dit *des Partants* séparait le Mont-Louis du parc de Ménilmontant. A peu près au milieu de ce chemin, on voyait encore, il y a une vingtaine d'années, un petit bâtiment en forme de rotonde, et qu'on appelait *le Pavillon du Roi*.

Ce fut dans ce pavillon, d'où l'on dominait tout Paris, que se retirèrent, le 2 juillet 1652, le jeune roi Louis XIV et le cardinal Mazarin pour assister à la bataille Saint-Antoine. Vers la fin de l'action, un aide de camp apporta une dépêche du vicomte de Turenne; le roi fit signe au cardinal d'en prendre lecture. Elle contenait, dit-on, ces mots : « Je tenais M. le prince entre les murailles de la Bastille et une ligne de fer, quand *Mademoiselle*, faisant ouvrir les portes, a fait pointer les canons de la forteresse sur les troupes royales. Il faut que je me retire lorsque j'allais vaincre. »

Au moment où Mazarin achevait sa lecture, un dernier coup de canon se fit entendre ; alors Son Éminence, se tournant vers un groupe d'officiers : « *Mademoiselle*, dit le cardinal, avait la prétention d'épouser le roi de France, voilà un boulet de canon qui vient de lui enlever son mari. »

Dans ce même champ des Partants, maintenant limité à l'ouest par la *rue du Retrait*, aujourd'hui dénommée improprement rue du Ratrait, Fieschi, Pépin et Morey essayèrent leur machine infernale, dont l'effet fut si cruellement meurtrier dans la journée du 28 juillet 1835.

L'emplacement occupé de nos jours par le 20e arrondissement était complété, il y a un siècle, par la *Ferme du Chanu*, les vignobles des *Panoyaux*, des *Montibœufs*, le clos des *Cendriers* et les dépendances du parc *Saint-Fargeau*, dont le propriétaire était appelé, en raison de la vaste étendue de son domaine, *Marquis de Carabas*.

Ces terrains, en grande partie, devinrent propriétés nationales, et furent achetés successivement par les fermiers ou domestiques des grands seigneurs qui les avaient possédés avant la révolution. Communément les acquéreurs les payèrent en assignats, dont la valeur représentative en numéraire ne dépassa pas *huit sous* le mètre. Ces paysans ne tardèrent par à s'enrichir, et plusieurs y gagnèrent des fortunes de 3 à 400,000 fr.

Les champs et les prairies de Charonne et de Ménilmontant furent morcelés à l'infini, lorsque les Parisiens firent irruption dans la banlieue. Cet envahissement des ouvriers de Paris augmenta sensiblement par le fait des démolitions dans le centre de la ville.

Bien que le vase ne fût pas plein, il débordait avant l'extension des limites de la capitale.

Enfin, ce territoire du 20e arrondissement, qui renfermait à peine 2,500 habitants en 1769, en compte aujourd'hui près de 50,000. — Nous allons faire connaître leurs réclamations.

III

Il est une question des plus graves, parce qu'elle intéresse au plus haut degré nos arrondissements excentriques : c'est *le déplacement des classes laborieuses* qui, du centre de la ville, ont été successivement refoulées aux extrémités par suite des immenses travaux exécutés dans l'intérieur de l'ancien Paris.

Ce qu'il importe surtout de faire connaître exactement à l'autorité supérieure, c'est la situation fâcheuse que nos ouvriers ont subie, alors que l'ancienne banlieue, dans laquelle ils s'étaient réfugiés en grand nombre, s'est trouvée frappée instantanément du payement des taxes d'octroi de Paris.

On va voir tout ce qui manque à nos arrondissements excentriques, sous le rapport du nécessaire :

Les études que nous avons faites ne s'appliquent pas seulement au 20e, elles embrassent toute la zone annexée ; le tableau de ses misères est à peu près le même dans tous nos arrondissements excentriques, le 16e excepté.

Dès sa nomination à la préfecture de la Seine, le 23 juin 1853, M. Haussmann se préoccupe de la question du *plan d'ensemble de Paris* dont le magistrat poursuit activement la réalisation, mais jusqu'à l'ancien mur d'octroi seulement. Le préfet ne songe pas alors le moins du monde à la zone immense que Paris doit absorber bientôt. Il continue le prolongement de la rue de Rivoli; il commence en 1854 le boulevard depuis décoré du nom de Sébastopol, puis d'autres trouées ici, là, partout dans l'ancien Paris.

57 rues ou passages sont supprimés, 2,227 maisons jetées par terre et plus de 25,000 habitants, presque tous ouvriers, contraints d'abandonner à l'instant le centre de la ville, sont repoussés vers les extrémités. Ce déplacement, qui suivit la progression des travaux dans le centre de Paris, fut une émigration forcée, comme on va le voir. En effet, les terrains bordant les nouvelles voies avaient été chèrement payés par l'expropriation, et les maisons importantes construites sur leur emplacement ne pouvaient renfermer de locations dont le prix fût accessible à nos classes laborieuses.

Loin de nous la pensée d'amoindrir l'action bienfaisante des nouvelles voies, de ces grands ventilateurs si précieux pour la salubrité d'une ville comme Paris. Ce qu'il importe de constater ici, c'est l'absence complète d'un système administratif dont l'application intelligente et humaine devait avoir pour résultat de suivre ces migrations successives de la population ouvrière, à laquelle il fallait procurer, dans les quartiers excentriques l'équivalent des avantages dont elle jouissait au milieu de Paris, qu'on la forçait d'abandonner.

On devait, en même temps qu'on faisait le vide dans l'intérieur de la ville pour l'assainir, on devait favoriser à tout prix les constructions modestes dans les quartiers éloignés, à cette fin que le trop plein se déversât jusqu'aux extrémités.

Aucun percement utile et pouvant servir d'heureuse dérivation au flot populaire qui montait rapidement ne fut réalisé dans ces premières années. On démolissait, on jetait par terre des maisons par centaines dans le centre de Paris, sans se préoccuper de l'installation des émigrants aux confins de la ville.

Les travaux continuant et même augmentant, les émigrants se portèrent en foule dans les quartiers avoisinant l'ancien mur d'octroi, principalement vers les faubourgs du Temple, Saint-Antoine et Saint-Marceau.

Comme la pioche des démolisseurs avait aussi son contre-coup dans nos provinces, qui entendaient dire, répéter, ressasser qu'on dépensait dans la capitale des millions par centaines, les cultivateurs et les ouvriers quittèrent en foule leurs champs et leurs villes secondaires pour fondre sur Paris.

De là ce renchérissement des petites locations par l'augmentation foudroyante de la population ouvrière. Il arriva bientôt que ces locations devinrent insuffisantes dans l'ancien Paris ; alors nos classes laborieuses, enjambant le mur d'octroi, se portèrent en grand nombre dans l'ancienne banlieue, principalement à Belleville, à Ménilmontant, à Charonne, aux Ternes, à Montrouge, Vaugirard et Grenelle.

Qu'a fait l'administration municipale ? Elle a frappé tout à coup des taxes d'octroi de Paris des communes qui n'étaient pas le moins du monde parisiennes et n'avaient participé en rien aux améliorations de la ville.

Ainsi, d'un côté, en moins de douze années, dans les quartiers riches ou commerçants de l'intérieur, la propriété avait vu doubler ses revenus, tandis que de l'autre, dans la zone annexée si brutalement, la population ouvrière, qui s'y était forcément agglomérée, subissait, par le fait de l'octroi de Paris, un impôt de plus de 20 p. 100 sur le prix des denrées de première nécessité.

Était-ce faire acte d'administration sagement distributive que de mettre sur le même pied, par l'impôt si lourd de l'octroi, une ville dans laquelle on venait de dépenser plus d'un milliard et des communes qui n'avaient reçu aucune espèce d'améliorations ?

Ainsi l'on avait forcé les ouvriers en grand nombre à deux déplacements en quelques années; on les avait obligés à venir habiter des localités éloignées de leurs travaux. Cette zone immense était privée d'établissements indispensables ; ses rues, pour la plupart mal éclairées, manquaient de pavage, et c'était une Sibérie pareille, à laquelle on n'avait rien accordé, qu'on frappait instantanément de l'octroi à Paris.

IV

Maintenant, sait-on ce qui doit arriver dans un avenir qui n'est pas éloigné? Les grandes agglomérations ouvrières tendent à se constituer toutes dans l'ancienne banlieue, devenue parisienne à son grand déplaisir jusqu'ici; ces agglomérations deviendront de jour en jour plus considérables. Partant de cette vérité, posons cette question à nos édiles : quels sont les éléments dont se compose le chapitre des recettes ordinaires de la Ville de Paris? Le plus précieux, le plus lucratif, la moelle de son budget, c'est l'octroi. De quelle manière s'alimente l'octroi? Par la perception de taxes abondantes sur les objets de premières nécessité, surtout sur les denrées indispensables à la vie de l'homme. Or, quels sont ceux qui consomment davantage? Évidemment ceux qui travaillent le plus durement, c'est-à-dire les ouvriers. Eh bien! lorsque les classes laborieuses auront constitué dans la zone annexée une grande majorité, votre administration municipale aboutira fatalement à cette iniquité : par le fait de l'octroi de Paris *les pauvres payeront proportionnellement plus que les riches.*

V

Cependant nous avons toujours été et nous sommes encore l'un des partisans les plus chaleureux des *grands travaux dans Paris*. Mais leur exécution devait être sage et mesurée, pour éviter ces interruptions fâcheuses dont souffrent maintenant nos quartiers excentriques dont les chantiers sont déserts depuis plus de six mois.

Oui, le dégagement du centre de Paris devait être considéré comme une de ces œuvres saintement humaines qui profitent au souverain et qui plaisent à Dieu.

Mais il fallait, en présence de l'annexion, ajourner les opérations luxueuses jusqu'à l'assimilation complète de l'ancienne banlieue à la Ville de Paris.

L'édilité parisienne ne devait pas dépenser des millions par centaines, soit pour improviser [illegible] nouvel Opéra des abords si [illegible] pour créer, à l'ouest de Paris, ces nombreuses avenues, ces boulevards, presque tous inutiles, si ce n'est à la spéculation.

Elle ne devait pas, d'un côté, se faire entrepreneuse malhabile de théâtres, tandis que, de l'autre, elle abandonnait l'établissement de marchés à une compagnie financière.

Elle ne devait pas tant dépenser en superfluités dans les quartiers riches, pour se trouver ensuite dans l'impossibilité de donner le nécessaire aux quartiers pauvres.

Elle ne devait pas enfin jeter par terre des hôtels splendides des rues de la Paix, Louis-le-Grand, et du boulevard des Capucines, parmi lesquels huit seulement ont coûté plus de 17 millions, pour ordonner quelques jours après la suspension des travaux dans le 20e arrondissement et dans toute la zone annexée.

En effet, à l'heure où nous écrivons, et depuis plus de six mois, il n'y a pas un seul ouvrier dans les chantiers de la mairie, pas plus que dans le périmètre de l'hôpital de Ménilmontant.

Réunir à la Ville de Paris, à cette Cité Reine,

comme on l'appelle, des localités si délaissées, d'un aspect si triste et si misérable, c'était coudre des haillons sur sa robe de pourpre.

VI

Maintenant, examinons une à une les réclamations formulées par le 20e arrondissement, dont nous allons photographier la triste physionomie.

Commençons par les ÉDIFICES RELIGIEUX.

Le 9 juillet 1866, nous rédigions, au nom des habitants du 20e arrondissement, une pétition qui fut adressée au Préfet de la Seine ; dans cette pétition se trouvent les passages suivants :

« Monsieur le Préfet, la partie du 20e arrondissement qui représente aujourd'hui l'ancien Ménilmontant renferme un groupe de population qui dépasse 30,000 âmes.

» Pour satisfaire aux besoins du culte, une seule chapelle, une toute petite église, existe sous le vocable de *Notre-Dame-de-la-Croix*.

» Établie depuis plus de trente ans, et à titre

provisoire, disait-on, dans une propriété particu lière, cette église est tellement étroite, insuf fisante, que lors des fêtes religieuses et même le dimanches ordinaires, la plus grande partie de fidèles n'y pouvant être admise est forcée de sta tionner sur la place de Ménilmontant.

» Les samedis surtout, les mariages et les en terrements s'y confondent, et les invités son pêle-mêle. Parfois l'air manque, on y étouffe, i faut sortir, et il arrive trop souvent que le cabare s'emplit de ceux que l'église ne peut contenir.

» Pour faire cesser une situation si fâcheus et si contraire à la religion, vous avez ordonné monsieur le Préfet, il y a plusieurs années, l construction d'une nouvelle église plus vaste e mieux en rapport avec l'accroissement continu d la population dans cette partie du 20e arrondisse ment. Mais, faute de crédits suffisants, l'édific s'élève lentement, trop lentement, alors surtou que les besoins s'accusent plus impérieux chaqu jour. Nous croyons en votre haute sagesse pou imprimer à ces travaux si nécessaires une activit nouvelle. Vous exaucerez nos vœux, car vou savez qu'une population qui réclame avec respec en faveur du culte est toujours une population tranquille et honnête... »

Cette pétition, revêtue des signatures d'un certain nombre d'habitants, fut adressée au maire du 20e arrondissement pour la transmettre à M. le Préfet de la Seine.

Le 21 août 1866, le magistrat y répondait en ces termes :

« Monsieur le maire, un certain nombre d'habitants du 20e arrondissement demandent, par une pétition en date du 9 juillet, l'achèvement de l'église *Notre-Dame-de-la-Croix*..... J'ai examiné avec la plus grande attention cette pétition, et je serai heureux de donner en temps utile une entière satisfaction aux vœux légitimes qui m'ont été exprimés.

» Des crédits suffisants sont prévus pour le complet achèvement de l'église de Notre-Dame-de-la-Croix, et des ordres ont été donnés aux architectes pour que les travaux soient poussés avec activité. Le sénateur, préfet de la Seine, HAUSSMANN. »

Il paraît que les crédits n'étaient pas très-abondants, puisque l'édifice religieux, qui a été commencé à peu près au moment de l'annexion, n'est pas encore aujourd'hui complétement terminé. En ce moment, on est en train de le daller, on vient d'y installer un nouveau curé; il y a lieu d'espérer que l'année 1870 verra cette église entièrement livrée au culte.

Mais cet édifice, d'une architecture très-remarquable et qui fait honneur à M. Héret, qui en a dressé les plans et conduit les travaux, est bloqué par des constructions qui empêchent les fidèles d'arriver facilement à cette église. Il y a quatre ans environ, le commissaire-voyer du 20e arrondissement, M. Auguste Guénepin, avait été chargé de faire l'estimation des propriété à exproprier pour donner de l'air au monument. En cette circonstance encore, les travaux de luxe exécutés dans les quartiers riches ont fait ajourner le nécessaire dans ce quartier pauvre de Ménilmontant.

Pour opérer le dégagement de l'église Notre-Dame-de-la-Croix, à l'est, il faut exproprier et démolir les maisons de 51 à 71 inclusivement dans la *rue de Ménilmontant*.

Le portail, au midi, ne peut être découvert que

par la suppression des immeubles nos 61, 63, 65 et 67 de la *rue Julien-Lacroix ;* puis, si l'on veut donner une perspective au monument, il faut tracer, dans l'axe du portail, une voie aboutissant au boulevard de Belleville. Enfin, pour que les fidèles qui habitent la partie culminante de Ménilmontant puissent se rendre à ce monument, on doit au plus tôt exécuter la *rue C*, qui, partant de l'église, à l'est, doit atteindre le rond-point, derrière le Père-Lachaise. — Nous reparlerons de ces dégagements au chapitre *Voies publiques.*

Après avoir recommandé à la sollicitude de l'administration municipale le prompt achèvement si nécessaire de l'église Notre-Dame-de-la-Croix de Ménilmontant, il ne faut pas oublier la pauvre petite église *Saint-Germain-de-Charonne.* Bâtie à une époque où l'ancien village de Charonne ne comptait que 300 feux, cette église ou mieux cette *chapelle était suffisante* alors. Mais placée maintenant au milieu d'un groupe de population qui s'élève à plus de 12,000 âmes, elle ne saurait contenir les fidèles qui se pressent à ses portes, surtout lors de nos grandes fêtes religieuses. Il y a donc nécessité bien urgente d'agrandir l'église Saint-Germain-de-Charonne dans l'intérêt de cette partie du 20e arrondissement de Paris.

VII

A cette réclamation si juste faisons succéder une demande également fondée et plusieurs fois renouvelée par les ouvriers et les artisans qui habitent les parties culminantes des 20e et 19e arrondissements. Il s'agit du *cimetière du Père-Lachaise*.

Que réclament ces familles pauvres ?

« Lorsque nous perdons un parent ou un ami, disent-elles, le convoi pourrait facilement descendre jusqu'à la rue de Puébla, et gagner le mur qui limite le cimetière au nord. Là, qu'on nous ouvre une porte, et comme les pauvres gens sont enterrés près de ce mur, on nous épargne un long voyage. »

A cette demande, qui devrait être accueillie à

l'instant, quelle est la réponse invariable de l'administration municipale ?

— Il nous faudrait un gardien de plus.

Et la demande est écartée.

Ainsi une porte 500 fr., dépense une fois payée, un gardien à 1,500 fr. par an, voilà les frais qui seraient à faire pour faciliter à nos ouvriers l'accomplissement d'un pieux devoir.

Maintenant on va voir tout ce que ce refus a de navrant. Lorsqu'on meurt dans le haut de la Villette, de Belleville, de Charonne ou de Ménilmontant, le convoi, toujours accompagné d'une suite nombreuse, surtout depuis que les femmes du peuple montrent l'exemple à d'autres, le convoi, disons-nous, est obligé de descendre une des voies si déclives de ces anciennes communes. Ces voies sont si mal pavées que parfois il arrive que le corbillard rejette le cercueil. Après avoir atteint le boulevard extérieur, le convoi gagne la porte du Père-Lachaise.

Mais pour parvenir à la partie culminante du cimetière, à l'immense charnier des pauvres, il faut subir une ascension de plus de 500 mètres par une allée circulaire. Qu'on se fasse une idée de cette horrible torture infligée à des femmes, à des enfants, à des vieillards qui sanglotent!

Avec 2,000 francs on économiserait ces larmes!

Ce n'est pas ici le seul fait à signaler par rapport au Père-Lachaise, il en est un autre contre lequel s'élève le 20e arrondissement tout entier; malheureusement la faute est sans remède aujourd'hui.

VIII

Nous avons dit que la grande rue de Belleville séparait les 19e et 20e arrondissements.

Lors de l'annexion à Paris des communes suburbaines, il eût été très-facile et relativement peu coûteux d'établir une *mairie provisoire* au centre du 20e; avec une location de 8 à 10,000 fr., on devait en avoir le cœur net.

Sait-on où l'on a placé cette mairie provisoire? sait-on où elle est installée depuis neuf années?

A la limite extrême du 20e, dans l'ancienne

guinguette de *l'Ile d'Amour*. — Qu'en est-il résulté?

Pour la constatation des décès, pour les mariages, pour tous les actes enfin de l'état civil, les habitants de l'est du 20e ont été condamnés à des voyages de long cours, voyages bien plus difficiles autrefois qu'aujourd'hui. En effet, alors que la rue de Puébla n'était pas ouverte, il fallait, pendant les pluies et les neiges de l'hiver, durant les chaleurs tropicales de l'été, suivre des sentiers défoncés, de véritables ornières qui s'enchevêtraient dans la plaine.

Cette situation était devenue intolérable.

En 1866, l'autorité municipale décide la construction d'une nouvelle mairie. Dans un parcours de plus de 1,500 mètres, il eût été facile de faire choix d'un bon emplacement. Où met-on la mairie? juste en face du Père-Lachaise; de sorte que les jeunes mariés, en attendant l'écharpe municipale, auront pour se récréer la perspective des tombes qui émaillent le cimetière.

Que dire aussi de l'hôpital qui va s'élever également vis-à-vis le Père-Lachaise? C'est là sans doute une leçon philosophique donnée par

M. le préfet de la Seine aux pauvres malades ; le cimetière leur promet la fin de leurs souffrances.

Autrefois Belleville avait son cimetière ainsi que Charonne ; ils étaient l'un et l'autre convenablement entretenus. Depuis qu'on cesse d'y enterrer les morts qui n'ont pas de concessions perpétuelles, l'abandon dans lequel ces cimetières sont laissés est des plus fâcheux.

Faute d'entretien, l'herbe pousse dans les allées principales ; les petits chemins bordés de tombes sont impraticables ou complétement effacés. On dirait qu'une main sacrilége pousse à la destruction des pierres tumulaires qui jonchent le sol.

C'est surtout au cimetière de Belleville que ce délaissement est navrant et regrettable. Ceux qui entrent avec des pensées religieuses dans ce champ du repos en sortent avec des sentiments de haine, tant cet abandon est une insulte à la piété des souvenirs.

Avec quelques centaines de francs sagement employés chaque année, on ferait cesser des plaintes que l'écho répète au détriment de l'autorité municipale.

Ici, arrêtons-nous. Lorsque nous nous occuperons du 18e arrondissement, composé principalement de l'ancien Montmartre, nous aborderons résolûment la question des *cimetières de Paris*.

IX

Le 1er janvier 1860, la banlieue suburbaine est frappée des taxes d'octroi de Paris. L'extension des limites de la ville était une mesure trop importante pour n'être pas prévue. De toutes les questions intéressant nos classes laborieuses, celle qui méritait la priorité était sans contredit la question DES MARCHÉS dans la zone annexée.

S'est-on empressé de la résoudre? Pas le moins du monde.

Ce n'est que le 26 mai 1865 que le conseil municipal délibère sur la construction de quatre marchés, parmi lesquels deux seulement doivent profiter à nos quartiers pauvres, c'est-à-dire aux 13e et 14e arrondissements.

Le 15 septembre de la même année est décidée la construction de sept autres marchés dans les 15e, 16e, 17e, 18e 19e et 20e arrondissements. Sans doute l'administration va se montrer jalouse d'exécuter avec ses ressources ces établissements indispensables.

Il n'en est rien, l'administration municipale les abandonne à une compagnie financière, tandis qu'elle s'est réservé la construction de nouveaux théâtres, préférant ainsi le superflu au nécessaire.

Dressons le bilan de cette combinaison. Les dépenses de premier établissement de ces onze marchés se sont élevées à 8,205,101 francs, tandis que la construction des théâtres du Châtelet, Lyrique, de la Gaîté et du Vaudeville, avec la régularisation de leurs abords, ont coûté trois fois autant.

Précisément, alors que l'administration municipale frappait des taxes d'octroi la banlieue suburbaine qui n'avait pas reçu la moindre compensation, nos édiles louaient, par bail du 2 avril 1860, les trois premiers de ces théâtres à raison de 450,000 francs, savoir :

Le théâtre du Châtelet	210,000
— Lyrique,	130,000
— de la Gaîté,	110,000
Somme égale.	450,000

On se tromperait étrangement si l'on croyait que ces trois théâtres rapportent maintenant à la Ville 450,000 francs.

Ces trois exploitations ont sombré successivement; de là diminution forcée des loyers. L'administration municipale, en effet, a consenti pour l'une d'elles, le Lyrique, à ne percevoir ses loyers que sur le montant des recettes; c'est donc là, sans contredit, une société municipale et théâtrale en participation.

Que diraient nos anciens et dignes échevins de Paris s'ils pouvaient renaître un moment pour assister à cette étrange combinaison : de dépenser près de 25 millions pour bâtir des salles de spectacle qui ne rapportent pas 3 pour 100, et refuser de consacrer un peu plus de 8 millions à des marchés qui, bien établis, en pleine agglomération de population, eussent donné un intérêt d'au moins 5 pour 100?

Ainsi, cette fâcheuse opération n'a même pas l'excuse d'un intérêt budgétaire.

Il y a quelque temps, rencontrant sur la place du Châtelet un des membres du conseil municipal de Paris, nous lui montrâmes les deux théâtres bordant les deux côtés de cette voie publique ; ils étaient déserts et comme voilés dans l'ombre.

— Déplorable opération, exclama le conseiller ; il nous faudra peut-être un jour démolir ces deux théâtres pour leur substituer des maisons de rapport.

Cet aveu, que nous enregistrons ici, n'est-il pas déjà la punition de cette mauvaise combinaison?

Mais ces dépenses impossibles à motiver doivent elles s'arrêter?

Un de ces jours, on verra surgir sur la place du Château-d'Eau, dans l'axe du boulevard du Prince-Eugène, un *cinquième théâtre municipal* pour l'orphéon. Cette fantaisie coûtera quelque chose comme 5 à 6 millions.

L'architecte, M. Davioud, qui a déjà construit

le théâtre du Châtelet et le Théâtre-Lyrique, l'architecte est en mesure, les plans sont dressés, les travaux peuvent commencer.

Heureusement, en cette circonstance, que l'argent fait défaut.

Le directeur des cirques Napoléon et de l'Impératrice, M. Louis Dejean, n'a-t-il pas ouvert plusieurs fois déjà ses portes aux orphéonistes? Pourquoi cette dépense de plusieurs millions, qu'on peut s'éviter si facilement en employant plus utilement dans nos quartiers pauvres des ressources qu'on peut se procurer?

M. le préfet de la Seine n'a-t-il pas conçu, puis arrêté l'étrange projet, dont l'exécution n'est plus permise, de construire en bordure du boulevard du Palais deux salles de spectacle de bas étage?

Comme un nouveau *Bobino* et le *Petit-Lazari* eussent été singulièrement placés entre la basilique de Notre-Dame, le Palais de Justice et l'Hôtel-Dieu! La face enfarinée de Pierrot d'un côté, les robes rouges de la Cour de cassation, de la Cour suprême de l'autre. Puis un prince de l'Église officiant, alors qu'en face on eût joué des compositions à l'instar de *l'Œil crevé !*

Son Éminence le cardinal Morlot, de sainte mémoire, fit alors écarter tout de suite ce malencontreux projet. Le respect pour notre sainte religion est dans le sang impérial.

Voici ce que Napoléon Ier disait, en 1811, au comte Frochot :

«.... Je veux, monsieur le préfet, qu'on dégage la basilique de Notre-Dame, qu'on donne de l'air à cette aïeule de nos églises, la plus belle comme la plus vénérable... Je crois en Dieu, monsieur le préfet, je ne le discute pas, je le sens... Le peuple de Paris, le plus impressionnable et le plus brave de tous les peuples, est catholique par les yeux comme par le cœur. »

«.... Il s'ennuierait dans les temples froids, monotones et dénudés des protestants. Il lui faut la majesté des grandes basiliques ornées de ta-tableaux et peuplées de statues... Le protestantisme fait des penseurs, des philosophes et des savants; le catholicisme enfante des héros, des poëtes et des artistes... Dès que j'entre dans une antique et imposante cathédrale, j'éprouve comme un frémissement de la Divinité. »

Revenons aux marchés.

Il fallait, en ce qui les concernait, adopter, puis poursuivre un système d'ensemble. On devait étudier les différents groupes de la population de Paris, à cette fin de placer au milieu de chacun d'eux un de ces établissements de première nécessité.

On devait ensuite soumettre ce travail à une enquête sérieuse, de manière à satisfaire à tous les besoins qui s'accusaient.

On devait, cette enquête terminée, procéder à l'exécution de ces marchés, en commençant par ceux dont l'urgence était constatée.

On devait enfin, et c'était une obligation toute morale et humaine, opérer en cette circonstance avec les ressources de la Ville, en excluant les capitaux des compagnies qu'on peut utiliser pour des opérations luxueuses, mais qu'il faut repousser alors qu'il s'agit d'améliorations utiles dont l'administration doit se réserver l'honneur de la réalisation.

En effet, une société de capitalistes n'aspire pas au prix Montyon, mais à gagner de l'argent.

Elle peut préférer tel emplacement à tel autre, parce que le terrain d'un moindre prix est plus à sa convenance. Ainsi la Compagnie Ferrère a construit un marché pour le 20e arrondissement dans la rue de Puébla, c'est-à-dire dans un désert ; aussi ce marché est-il mal approvisionné. Sans doute, la Compagnie a fait en cette circonstance une mauvaise opération, mais ce n'est pas là notre affaire. Ce que nous trouvons détestable, c'est l'emplacement d'un marché qui ne sert pas où il est situé, tandis qu'en plein cœur de population il eût été profitable à la moitié d'un arrondissement.

Ensuite, le prix des locations des places est trop élevé pour nos quartiers excentriques, où l'on devrait attirer le plus grand nombre possible de marchands, si l'on veut que la concurrence profite aux acheteurs.

C'est une iniquité que ce tarif similaire pour les quartiers riches et les quartiers pauvres ; aussi les détaillants vont-ils naturellement dans les premiers, tandis que les seconds sont peu fréquentés. Il en résulte que le consommateur riche paye relativement moins cher que le consommateur pauvre.

Mais assez de réflexions ; des faits maintenant.

Entrons dans le marché de la rue de Puébla pour interroger les quelques marchandes et les rares ménagères qui s'y trouvent.

Ce n'est pas dans leur salon de chêne incrusté d'or que nos édiles peuvent faire de l'administration généreuse et humaine, mais bien sur place, dans la rue, cherchant les abus pour en avoir raison, écoutant les justes réclamations avec la bonne intention d'y faire droit.

On va voir comme le bon sens des femmes du peuple peut donner des leçons à nos administrateurs.

X

Deux femmes sont en train de se quereller. L'une, la marchande, est une grosse commère, *haute en couleurs et forte en gueule*. C'est, dit-on, une paysanne des environs de Bagnolet, dont le grand-père a payé en assignats, à raison de 5 sous le mètre, des terrains qui ont aujourd'hui une valeur de 5 francs. Bon an mal an, ses champs, qu'elle arrondit chaque année, lui rapportent 6,000 livres de rente ; elle pleure la misère du temps. L'autre, dont l'apparence est chétive et dont la pâleur révèle la souffrance, est Parisienne et femme d'un ouvrier parisien. Elle a trois enfants ; son mari est *ajusteur* et travaille rudement. Il est moins à plaindre qu'elle : l'homme fatigué dort la nuit, la femme veille.

— Quand nous étions rue de la Tixéranderie(1), dit l'ouvrière en soupirant, nous profitions

(1) Cette rue, entièrement bâtie sous le règne de Louis le Jeune, devait son nom aux tisserands qui vinrent l'habiter dès 1263. Les maisons riveraines de la rue de la Tixéranderie ont été expropriées et démolies en 1850 et 1851. L'emplacement occupé par cette voie publique se trouve aujourd'hui confondu dans la rue de Rivoli, la caserne Napoléon et la place du Marché-Saint-Jean. — Au deuxième étage d'une propriété qui a été démolie pour l'agrandissement de l'Hôtel de Ville, on voyait encore en 1837 deux petites chambres qui avaient reçu quelquefois la visite du grand Turenne, de madame de Sévigné, et qui, sans bruit, s'ouvrirent à Villarceaux, au peintre Mignard et à Ninon de l'Enclos. C'était l'appartement de la future marquise de Maintenon, alors femme du poëte Scarron.

du voisinage des Halles centrales, et j'allais chaque matin faire mes petites provisions au moment où la cloche annonçait que la vente allait cesser. Au lieu de remporter leurs denrées, les marchandes aimaient mieux les vendre à prix réduits, et j'en profitais...

— Il faut y retourner, ma petite, répond la marchande.

— C'est la rue de Rivoli, maintenant, continue l'ouvrière. Les maisons nouvelles dans l'intérieur de Paris n'ont plus de logements pour les pauvres gens. Voyons, soyez raisonnable : combien ces choux ?

— Quatre sous la pièce, c'est à prendre ou à laisser.

— Je les laisse...

— Mais, mon bijou, tu ne sais donc pas que les habits noirs qui ont fait ce marché nous font payer huit sous de location par jour et par mètre carré ? Comme il m'en faut six pour être à l'aise, c'est quarante-huit sous que je débourse avant d'avoir vendu un oignon (1). Il y a des places

(1) La marchande disait vrai ; en voici la preuve :

qui sont à six sous et même à cinq, mais je me garde bien de les prendre : voyez, toutes sont vides.

— Comme les places sont trop chères, répliqua l'ouvrière, à huit ou dix marchandes vous faites la loi et rançonnez les acheteurs.

— J'en use et ça m'amuse, dit la marchande en prenant une prise de tabac, dont une partie

« Pour se rédimer des obligations qui lui sont imposées, M. Ferrère (le concessionnaire) percevra à son profit, pendant la durée de la concession (50 années) le prix de la location des places de chacun des marchés à des prix qui ne pourront excéder par jour, savoir :

» Pour un tiers des places dans chaque marché, 40 centimes par mètre carré.

» Pour un tiers des places dans chaque marché, 30 centimes par mètre carré.

» Pour un tiers des places dans chaque marché, 25 centimes par mètre carré.

» Étant entendu que le minimum de superficie des places sera de 4 mètres, sauf les quelques places d'angle qui, sur les plans annexés au traité, comporteront une superficie un peu moindre. »

(Extrait du rapport fait au Conseil Municipal au nom du comité n° 4, par M. Onfroy, membre du Conseil, dans la séance du 17 novembre 1865.).

va saupoudrer les légumes qui encadrent la grosse commère.

— Si ce n'était pas loin, j'irais aux grandes Halles, mais je perdrais deux heures de travail et cela me coûterait plus cher. Puis comment gravir, chargée comme une mule, la côte Ménilmontant? Allons chez la fruitière, c'est le même prix qu'à ce marché de Puébla.

Et la bonne ménagère retourne chez elle.

Quittons ce marché pauvre, et rendons-nous dans un riche.

Nous sommes dans le marché Saint-Honoré ou des Jacobins (1), en plein cœur de population commerçante. Cet établissement est superbe, un vrai

(1) *Loi du 28 floréal an III.* La Convention nationale, après avoir entendu le rapport de son comité de sûreté générale, décrète : Article premier. L'emplacement des ci-devant Jacobins, rue Honoré, est consacré à l'établissement d'un marché public; ce marché portera le nom de *Neuf-Thermidor*. L'ancienne église du couvent des Jacobins avait été louée, moyennant 1,200 livres par an le 1er avril 1791, à la société des amis de la Constitution, plus connus sous le nom de Jacobins. Cette société y tint ses séances jusqu'au 21 frimaire an III (11 novembre 1794).

bazar gastronomique; ici la volaille la plus belle, là les fruits les plus savoureux, partout des amorces appétissantes.

— Combien ce caneton ? demande une cuisinière aux formes arrondies, dont un caporal d'ordinaire serait affolé.

— Pour toi, ma toute belle, douze francs; pour la maîtresse, si elle ose venir, quinze francs.

— Pour ma maîtresse, quinze francs, c'est bien; mais pour moi, dix francs, c'est assez.

— Partageons le différend par la moitié, en honnêtes sœurs.

Et la marchande enveloppe le caneton.

Combien les pêches ? demanda un autre cordon bleu.

— La douzaine, vingt-quatre francs.

— Sont-elles de Montreuil ?

— Oui, mignonne, de Montreuil, où il pousse aussi des rosières, à l'instar de Nanterre, et contrôlées par la monnaie.

— Vingt-quatre francs la douzaine, mais avec cinq sous pour franc, et une pêche pour un ami quelconque, vu que madame les compte...

— Adjugé comme à la vente à la criée.

Eh bien ! dans ce marché Saint-Honoré, où l'on voit réunies toutes les primeurs qui peuvent exciter l'appétit languissant des riches, le prix de location des places est le même que dans ce marché de Puébla, situé dans un désert, si pauvrement approvisionné que les femmes des ouvriers ne peuvent même pas y trouver le nécessaire.

Qu'on ose nous dire si ce tarif similaire, appliqué avec la même désinvolture dans le 1er arrondissement comme dans le 20e, est l'acte d'une administration intelligente et sagement distributive.

XI

Mais quittons le marché Saint-Honoré pour gagner le boulevard des Italiens. Là, de brillants équipages sillonnent la voie ; de splendides magasins étalent tout ce que les arts et l'industrie peuvent enfanter de merveilles. Paris, en cet endroit, semble respirer un air de richesse et de plaisirs. Cette ligne des boulevards intérieurs ne forme pas seulement la plus belle voie de l'Europe, elle constitue surtout la promenade la puls variée, la plus amusante du monde.

Nos édiles modernes ont beau percer de nouvelles avenues bordées de riches maisons, d'hôtels magnifiques, toutes ces créations, qui peuvent avoir leur raison de grandeur, ne sauraient exercer sur les étrangers et les riches cette attraction irrésistible qui les conduit, les pousse et les ramène toujours et quand même sur ces anciens boulevards dont le génie de Louis XIV avait pressenti les merveilleuses destinées.

Mais si vous avez la généreuse ambition de faire de la bonne et honnête administration, quittez brusquement ce Paris luxueux, éblouissant, pour vous transporter à l'instant vers une de ces ruches ouvrières qu'on voit çà et là dans nos quartiers excentriques. La scène change alors. On vient d'ouvrir les *bouches sous trottoirs*. C'est une invention moderne et fatalement homicide.

De pauvres femmes sont en train de disputer aux ruisseaux l'eau qui ne monte pas mais qui glisse sur la voie. L'impôt qui frappe le vin d'Argenteuil comme le malvoisie, l'impôt exonère-t-il l'eau dont la misère ne peut se passer? Cette eau municipale coule pour laver le ruisseau, non pour étancher la soif du pauvre. S'il la veut fraîche et limpide, qu'il la paye; s'il n'a pas d'argent, qu'il la boive croupie.

Dans ce 20e arrondissement où sont installés les magnifiques réservoirs de la Dhuys renfermant des eaux dérobées à la Champagne moyennant 20 millions de dépenses, dans ce 20e arrondissement qui compte 500 pauvres contre un riche, la femme de l'ouvrier paye 2 sous la voie d'eau, qui ne suffit pas les jours où la bonne ménagère doit laver le linge de la famille. Dans ces localités si tristement délaissées, le porteur d'eau prélève 40 francs par an sur chaque ménage d'ouvriers.

Continuons de poser nos jalons pour les discussions administratives qui vont suivre, et dont l'intérêt grandira.

Voici un ouvrier, un maçon. Il habite Ménilmontant, et travaille à la construction d'un hôtel dans le 16e arrondissement, à Passy. Avant de se mettre à l'ouvrage, il a deux heures de marche à subir. S'il veut être à six heures du matin à son bâtiment, il faut se lever à quatre; il y arrive, mais fatigué. Après douze heures de travail à la chaleur, à la poussière pendant l'été, a la pluie, à la neige durant l'hiver, sa tâche est remplie. Mais il faut revenir à Ménilmontant, et le retour est plus pénible encore que le départ.

La voie de fer qui rayonne autour de Paris eût été pour lui une précieuse ressource; impossible de s'en servir. Il lui faudrait prélever sur son salaire 14 sous, ce serait en quelque sorte rogner le pain de ses enfants. D'ailleurs, le chemin de ceinture est fait pour transporter des colis d'une gare à l'autre dans l'intérêt des compagnies, et non pour l'avantage et la commodité des ouvriers.

Parfois l'ouvrier pourrait se payer le luxe d'une impériale d'omnibus; impossible, l'ouvrier part à six heures du matin, et l'omnibus ne commence de s'ébranler qu'à sept heures et demie. Le soir il n'y a pas de places.

Le centre du 20e arrondissement, tout l'ancien Ménilmontant est privé d'omnibus. Il s'arrête à la limite du 11e, devant l'emplacement occupé par l'ancienne barrière. Comme nous réclamions avec trop d'insistance dans la *Revue municipale* la continuation de la ligne jusqu'à Ménilmontant, un des chefs de cette administration vint nous trouver et nous dit :

— Vous n'y pensez pas, une pareille montée. Et nos chevaux ?

— Et nos ouvriers ? fut notre réponse. Dans cette lutte, les bêtes ont eu le dessus, et Ménilmontant n'a pas d'omnibus.

Les heureux de ce monde diront peut-être : L'écrivain a broyé du noir. Les ouvriers du 20e arrondissement répondront : L'écrivain a frappé une médaille administrative au millésime de 1869.

XII

Si nos lecteurs veulent suivre utilement les discussions auxquelles nous allons nous livrer, qu'ils prennent deux plans de Paris : l'un de 1850, par exemple, l'autre de 1869. Ils pourront se rendre un compte parfaitement exact de l'inégale répartition *des grands travaux de voirie* entre les quartiers de l'ouest et ceux de la partie opposée.

Loin de nous la pensée de regretter cette expansion de la fortune vers le quartier des Champs-Élysées et le bois de Boulogne.

Le commerce et l'industrie ne sauraient envahir ce quartier luxueux; que les grandes existences y savourent le miel de la ruche parisienne sans être troublées par le bourdonnement des abeilles !

Mais ce que nous critiquons, c'est une administration qui sème dans ce sol privilégié plus de pièces d'or de 20 fr. que de gros sous dans les quartiers pauvres, à l'est de Paris, et sur une superficie semblable.

Dans le but d'excuser l'accumulation considérable des grands travaux à l'ouest de Paris, en négligeant les quartiers de l'est qui manquent du nécessaire, M. le Préfet de la Seine prétend qu'il avait dû les entreprendre d'urgence, pour éviter qu'ils ne devinssent plus coûteux en attendant quelques années encore.

Il est certain, au contraire, que cette accumulation de travaux ici, là, partout, à l'ouest de Paris, a produit une hausse énorme et subite dans le prix de tous les terrains, au profit exclusif de ces quartiers privilégiés. *Exemples :*

La Compagnie Constantin a payé, en 1823, lors de la formation du quartier François Ier, les terrains à raison de 20 fr. le mètre. En 1853, ils valaient 60, aujourd'hui 300 fr.

Le quartier de Chaillot, sillonné en tous sens d'avenues et de boulevards, dont l'exécution très-coûteuse pouvait se faire attendre, le quartier de Chaillot renfermait de vastes terrains dont la valeur, en 1845, ne dépassait guère 25 francs le mètre; aujourd'hui il faut parler de 130, 150 fr.: quant à ceux en bordure des grandes voies tout récemment improvisées, leur prix est de 200 francs le mètre.

M. Émile de Girardin, l'éminent polémiste et l'admirateur passionné du Préfet de la Seine, sait-il combien valait en 1750 le terrain sur lequel s'élève son hôtel princier de la rue Pauquet-de-Villejust, tout près de l'Arc de Triomphe de l'Étoile? 60 centimes la toise, il y a seize ans, 20 francs; aujourd'hui 200.

Si M. de Girardin quittait les splendeurs de son riche quartier pour aller étudier comme nous l'étudions tout le territoire à l'est de Paris, il y rencontrerait de ces contrastes frappants, de ces inégalités choquantes qui refroidiraient son admiration enthousiaste.

Un rapprochement plus curieux encore nous est révélé par un document authentique, dont voici un extrait :

« Par acte passé devant Guéret et son con-
» frère, notaires à Paris, le 16 février 1769,
» insinué le 27 mai suivant, approuvé et confirmé
» par lettres patentes du 17 août 1772, registrées
» en Parlement par arrêt du 12 août 1773, les
» religieux Mathurins ont délaissé, à titre de bail
» emphytéotique, pour 99 années entières et
» consécutives, commencé le 11 novembre 1770,
» et devant finir à pareil jour de l'an 1869, à
» François-Jérôme Sandrié et à Pierrette-Clau-
» dine Deroyes, sa femme, un terrain sis à la
» Chaussée-d'Antin, contenant quatre arpents huit
» toises de superficie... ledit bail fait à la charge
» de 600 livres de redevance annuelle, payable

» pour chaque arpent pendant la durée du
» bail (1). »

Maintenant, combien l'arpent de Paris en 1770 renferme-t-il de mètres aujourd hui ? 3,418, en négligeant les fractions, ce qui porte à moins de 18 centimes la location annuelle pour chaque mètre de terrain. Eh bien ! parmi ces terrains provenant des Mathurins, il en est que la Ville de Paris loue en 1869, à des limonadiers dont les

(1) Il y a dix années, on voyait encore un passage qui s'appelait *passage Sandrié*, et qui devait précisément son nom au locataire des religieux Mathurins. Ce passage commençait à la rue Basse-du-Rempart, et finissait à la rue Neuve-des-Mathurins. On l'a démoli lors de la suppression d'une partie de la rue Basse-du-Rempart. — Dans une maison du passage Sandrié, au quatrième étage au-dessus de l'entresol, demeurait encore, en 1841, un homme qui avait été dans son pays plus puissant que le roi des Espagnes et des Indes, le célèbre *Godoï*, prince de la Paix. La maison nº 10 de la rue Basse-du-Rempart a donné naissance à un procès des plus curieux dans nos annales administratives. Cette propriété appartenait encore, en 1858, aux héritiers Feuilhoys. Nous aurons bientôt l'occasion de rappeler les principaux incidents de ce procès.

établissements sont en bordure du boulevard des Capucines, à raison de 50 francs le mètre.

Maintenant, si les religieux Mathurins, au lieu de louer leurs terrains, les avaient vendus, quel en eût été le prix en 1770 ? — 3 fr. 60 c.

Ces mêmes terrains ont été payés par l'expropriation, il y a quelques années, plus de 1,000 francs le mètre.

Mais qu'en a-t-on fait? où sont-ils? Le nouvel Opéra, le Grand-Hôtel, les rues Halévy, Auber et Scribe les ont absorbés et au delà.

Sans doute, nous sommes fier, comme Parisien, des grandes choses qui se font pour Paris; mais notre admiration fait place à un autre sentiment lorsque nous voyons nos édiles, après avoir dépensé plus de cent millions pour le nouvel Opéra et le quartier qui l'entoure, ordonner la cessation des travaux, faute d'argent, dans presque tous les chantiers de la zone annexée, dans vingt-deux quartiers pauvres.

XIII

Voyons maintenant de quelle manière les grandes voies ont été réalisées dans les quartiers opulents, et nous dirons en même temps comment on a procédé, en ce qui concerne l'exécution de la rue de Puébla, dans le 20e arrondissement.

Pour la formation d'avenues et de boulevards à l'ouest de Paris, l'administration municipale a taillé en plein drap dans des terrains de 300, 400 et jusqu'à 500 francs le mètre, tandis que dans le 20e arrondissement, opérant sur des terrains de 16 à 20 francs le mètre, elle n'a coupé que la lisière, c'est-à-dire ce qui était rigoureusement indispensable à la trouée de la rue de Puébla.

Qu'en est-il résulté? A droite et à gauche, une longueur énervante de clôture en planches. Pourquoi? parceque les terrains limitrophes de la voie se sont trouvés tantôt en contre-bas, tantôt en contre-haut.

Cependant il eût été facile de donner de l'animation, de la vie à cette partie du 20e arrondissement dont on a fait un désert. Comment cela? L'entrepreneur des travaux avait à sa solde une petite armée d'ouvriers; il pouvait fort bien niveler une zone de terrain de chaque côté de la rue de Puébla, à l'aide du petit chemin de fer et des nombreux wagons qu'il avait à sa disposition.

Cela eût été relativement peu coûteux, puisque le travail qu'on faisait pour la voie pouvait s'étendre jusqu'aux terrains en bordure et dans une profondeur de 25 à 30 mètres.

Si l'on nous objectait que la législation en matière d'expropriation ne permettait par cette extension, nous répondrions : Ce que l'administration a fait ailleurs, dans de larges proportions, au profit de certains concessionnaires, pour des voies intéressant des quartiers riches, devait être permis, et, à plus forte raison, dans l'intérêt de nos localités pauvres.

D'ailleurs, les cultivateurs dont les champs étaient morcelés, et qui, pour se mettre au niveau de la voie, auront à faire des travaux très-coûteux de déblai ou de remblai, les cultivateurs eussent été joyeux de céder à l'expropriation des superficies plus considérables.

Leur adhésion certaine eût donc mis l'administration parfaitement d'accord avec la loi, trop souvent éludée lorsqu'il s'est agi de favoriser des capitalistes.

Une fois en possession d'une zone de terrain parfaitement nivelé, à droite et à gauche de la rue de Puébla, l'administration municipale devait tenir ce langage : « Comme il est ici question d'un arrondissement excentrique où dominent les classes laborieuses, je n'entends aucunement bénéficier sur les terrains en bordure ; ils me reviennent à 20 francs le mètre, je les vends ce qu'ils m'ont coûté. Mais attendu que ce prix est exceptionnellement avantageux, j'impose aux acquéreurs l'obligation de construire dans un délai qui n'excédera pas dix-huit mois. »

Dans ces conditions, la rue de Puébla se serait promptement bordée de constructions modestes et dont les prix eussent été parfaitement accessibles aux ouvriers et aux petits rentiers. Il devenait certain alors de faire naître dans ces quartiers le mouvement qui féconde et le travail qui moralise;

tandis que l'administration, se montrant parcimonieuse en cette circonstance, n'a su faire qu'une voie inanimée, morte.

Mais c'est la partie de la rue de Puébla entre la nouvelle mairie en construction et la rue de Bagnolet qui est curieuse à visiter; ón se croirait dans les montagnes de l'Auvergne. A droite et à gauche se dressent des talus presque à pic et d'une hauteur considérable. A chaque instant les terres se détachent et tombent comme des avalanches sur la chaussée, au risque d'engloutir les passants.

Cette voie, qui pouvait être une source de bienfaits pour toute la partie culminante du 20e arrondissement, cette voie cause un véritable barrage à la circulation du nord au midi de l'arrondissement. La rue de Puébla, par sa mauvaise exécution, produit le désastreux effet de l'ancien canal Saint-Martin, qui frappait de stérilité toute la partie nord du 11e arrondissement.

Les voitures arrivaient avec peine, mais arrivaient enfin sur les hauteurs de Ménilmontant.

Malheureusement, l'administration municipale a cru devoir se dispenser de raccorder à la nouvelle voie tous ses affluents ; il en résulte que les petits fabricants, dont le nombre augmente chaque jour dans ces parages, sont littéralement bloqués dans leurs maisons.

Les véhicules de toute espèce, qui leur amenaient jusqu'à leurs portes les matières premières pour les transporter ensuite fabriquées, s'arrêtent forcément aujourd'hui à la rue de Puébla, les chevaux ne pouvant escalader les escaliers qui se dressent devant eux.

Alors il arrive nécessairement que ces petits fabricants et leurs ouvriers sont condamnés à faire le service de bête de somme, en maugréant contre l'administration municipale en termes trop accentués pour les reproduire ici.

C'est surtout la rue des Partants dont la situation est affligeante. C'est une ruine pour les petits propriétaires que cet escalier monstrueux qu'on pouvait leur épargner par un nivellement intelligent et peu coûteux.

Enfin, la rue de Puébla, si elle eût été réalisée comme nos édiles exécutent les nouvelles voies dans les quartiers riches, comme le boulevard Haussmann, par exemple, la rue de Puébla, disons-nous, pouvait amener la construction d'au moins 500 maisons modestes dont les locations eussent été accessibles à nos classes laborieuses, au nombre de plus de 6,000 habitants.

Au lieu de compter 500 maisons nouvelles, la rue de Puébla n'en a que 12 dans le 20e arrondissement; encore ces maisons, pour la plupart, sont-elles des maisons d'angle, des amorces de la grande voie.

Voilà comment les grands travaux sont conduits dans nos quartiers pauvres.

XIV

En ce qui concerne l'histoire municipale de Paris, *le chercheur* qui remue avec précaution la poussière des siècles éteints y trouve des parcelles d'or; les questions que nous élucidons aujourd'hui : *Finances*, *plan de Paris*, *approvisionnement*, *petites locations*, *salaires des ouvriers*, outes ont été successivement traitées avec une grande sapience par nos anciens échevins.

La prévôté des marchands a duré plus de douze siècles ; ce privilége de longévité était la récompense des grands services qu'elle rendit à la royauté comme à la ville de Paris, dont les intérêts étaient solidaires.

Le serment que le premier magistrat prêtait entre les mains du souverain était une obligation sainte et sacrée : « Je jure, disait le prévôt, d'être fidèle au Roi, de rendre bonne et valable justice aux pauvres et aux menus comme aux nobles et aux riches. Tous mes administrés, je les aimerai comme mes enfants, dont les nécessiteux sont les aînés. Mes actes seront inspirés par ce constant désir d'augmenter, si faire se peut, l'affection des Parisiens pour leur Roi bien-aimé. Je ne lui tairai aucune vérité utile à sa gloire et au bonheur du peuple ; on doit la vérité au souverain comme l'encens à Dieu. Ce faisant, ma conscience aura sa récompense en ce monde et mon âme sa jubilation dans l'autre. »

Aussi, lorsque nos dignes et braves aïeux, les bons bourgeois et les honnêtes ouvriers de Paris se réunissaient en famille pour fêter un saint patron, au commencement du repas tous se levaient et, chapeaux bas, disaient en forme d'invocation *Gloire à Dieu, honneur au roi, respect au prévôt des marchands!*

Quand le premier magistrat de la ville de Paris descendait les degrés du palais municipal, à son aspect le peuple faisait silence sur la place de Grève, et toutes les têtes s'inclinaient comme les épis d'un champ de blé ondulent sous le vent.

C'est à cette grande école administrative que nous avons étudié pendant trente années ; comme on va le voir, les maximes professées par nos anciens magistrats sont si pures, si nobles et si vraies qu'elles doivent être de tous les temps. Le présent et le passé sont en cette circonstance deux anneaux de la même chaîne.

En fait de *grands travaux dans Paris*, quels ont été les principes appliqués pendant une durée douze fois séculaire ?

« Les grands travaux, disaient nos anciens échevins, doivent être entrepris avec modération pour s'épargner des *interruptions* dangereuses.

» Il les faut mesurer au nombre des manouvriers parisiens *seulement*. Leur exagération exercerait sur nos provinces une attraction irrésistible et dangereuse; les cultivateurs et les ouvriers provinciaux quitteraient en foule leurs champs et leurs villes secondaires, où ils sont utiles, pour fondre sur Paris, où ils deviendraient dangereux, la besogne venant à manquer.

» Ils produiraient infailliblement par leur accumulation dans Paris la cherté des denrées et des petites locations, puis l'avilissement des salaires par une concurrence fiévreuse, désordonnée et mortelle aux ouvriers parisiens. *C'est la* PERMANENCE *des travaux utiles et modérés qui profite seule à la royauté comme au peuple de Paris.* »

Ce système administratif, si sage parce qu'il était éminent conservateur, rencontrait parfois de grandes difficultés d'applications.

Ses adversaires étaient précisément nos plus grands Rois, ceux dont les noms sont entourés d'une auréole de gloire et d'immortalité.

Charles V, François Ier, Henri IV et Louis XIV ont tous ambitionné de laisser sur ce sol parisien des traces glorieuses de leur règne. Souvent dans leur généreuse expansion du bien et du beau, jaloux d'embellir la ville de Paris, ils surchargeaient cette Reine d'ornements, sans penser que cette profusion avait ses déceptions et ses périls. Mais il arrivait alors que d'utiles vérités montaient jusqu'au trône et conquéraient nos souverains à cette merveilleuse institution municipale, l'assise la plus solide de la royauté.

Parmi ses illustres prédécesseurs, celui que l'Empereur estime à plus haut prix est sans contredit le roi Henri IV. Eh bien, le Roi et l'Empereur ont commis la même exagération généreuse; seulement Henri IV a été mieux servi que Napoléon III. Lorsqu'on a dit au souverain actuel : « L'extension des limites de Paris sera profitable à la bonne administration de cette ville, » — c'était vrai. En ajoutant, au moment où nos ouvriers se portaient en foule dans l'ancienne banlieue : « Cet agrandissement sera favorable aux classes laborieuses, » — c'était faux.

Aux preuves que nous avons déjà fournies d'autres vont succéder.

Creusons maintenant cette question si intéressante de la *cherté des petites locations*.

Dans les rapports présentés par M. le Préfet

de la Seine à la commission municipale depuis 1855 jusqu'en 1869, dans tous ces documents le magistrat nous apprend que les reconstructions se sont trouvées chaque année de beaucoup supérieures aux démolitions.

Mais la question n'est pas là.

Au point de vue d'un véritable intérêt administratif, il importe uniquement d'apprécier *si le nombre des petites locations s'est trouvé constamment en rapport, de* 1854 à 1870, *avec l'augmentation foudrogante de la population ouvrière, augmentation déterminée principalement par l'exagération des grands travaux qui ont exercé sur les classes pauvres de nos provinces une attraction irrésistible au préjudice de la ville de Paris.*

Qu'on nous permette une vérité vulgaire et par cela même très-expressive. Lorsqu'une marchandise est trop abondante et de beaucoup supérieure aux besoins, qu'arrive-t-il? Son prix fléchit successivement. Au contraire, si cette machandise devient tout à coup insuffisante pour les nécessités qui s'accusent, son prix augmente précisément en raison des demandes auxquelles sa rareté relative ne peut donner satisfaction. Cette assimilation des petites locations à une marchandise quelconque est exacte. M. le préfet de la Seine a fort bien pu reconstruire plus qu'il n'a démoli; mais le fait certain, indiscutable, c'est que les reconstructions de maisons renfermant de petites locations ne se sont jamais trouvées en rapport avec l'accroissement de la population ouvrière dans Paris, et cela depuis seize années.

Maintenant quelle est la cause de cette augmentation foudroyante dans le sens surtout des classes pauvres?

— L'achèvement de nos chemins de fer, qui tous rayonnent sur Paris, répond invariablement M. le Préfet de la Seine.

Sans doute, ces voies sont des facilités données à l'émigration de la province pauvre au préjudice des ouvriers parisiens, mais non l'attraction elle-même qui n'est irrésistible que sur les étrangers et les riches.

Sans doute les classes laborieuses de la province se font aussi de Paris un Eldorado. Mais les voyages d'agrément ne sont permis qu'à ceux qui ont de l'argent. Les artisans provinciaux et les cultivateurs fondent sur la Capitale parce qu'ils ont la pensée d'y travailler moins durement, d'y vivre plus agréablement en gagnant davantage.

Enfin, après les avoir ainsi amorcés, par des entreprises immenses, alors qu'ils ont augmenté l'agglomération parisienne de plus de 400,000 habitants, vous ordonnez la cessation des travaux, faute d'argent, dans la plupart des chantiers établis dans la zone annexée, et cela, on se le rappelle, la veille des élections.

Ce n'était pas, selon nous, faire de la grande administration en vue de l'autorité souveraine et dans l'intérêt des classes pauvres de Paris.

Nous terminons ce chapitre en disant : Si nos édiles avaient eu la sagesse, dès l'extension des limites de Paris, de s'abstenir, dans les quartiers riches, de toute opération n'ayant pas un caractère d'urgence, il eût été facile de consacrer 300 millions de plus à la zone annexée, afin de l'assimiler à l'ancienne ville, au moins au point de vue du strict nécessaire.

XV

Il serait bien à désirer que l'administration mît un terme à la progression des *cités, cours, villas et passages particuliers*, qu'on bâtit principalement dans nos quartiers excentriques composés de l'ancienne banlieue, en dehors de l'action municipale et constamment au mépris des principes de l'hygiène et de la salubrité.

Tandis qu'on dépense en seize années des sommes considérables pour faire pénétrer l'air et la lumière dans le vieux Paris, en ouvrant de larges boulevards, de spacieuses avenues, on voit se former aux extrémités de la ville des groupes de maisons étroites et malsaines dans lesquelles une détestable spéculation entasse nos ouvriers.

Le remède doit être prompt, énergique.

Examinons la législation en matière de voirie.

Pour obtenir la permission d'ouvrir une rue ou boulevard quelconque, il faut au préable se soumettre à certaines prescriptions imposées au nom de l'intérêt général, soit en ce qui concerne la largeur de la voie, soit pour ce qui a rapport à la hauteur des constructions riveraines, ou bien aux premier frais de pavage, d'éclairage, etc.

Lorsque le détenteur des terrains sur lesquels la voie doit passer a satisfait aux justes conditions prescrites par l'administration municipale, la rue ou le boulevard en question est reconnu *voie publique*, c'est-à-dire mis à l'entretien de la ville.

Mais si le propriétaire de ces mêmes terrains pense que sa spéculation serait plus lucrative en n'ouvrant qu'*un passage particulier*, *une simple cité* de trois à quatre mètres de largeur, il peut poursuivre son opération véreuse et sans aucun empêchement.

Il se contente d'exécuter les règlements de voirie, simplement en ce qui concerne l'entrée de son passage ou de sa villa sur la voie publique.

Après cela, dans l'intérieur, il a ses coudées franches ; il construit à sa guise et loue selon son bon plaisir.

La loi du 13 avril 1850 *sur les logements in-*

salubres permet bien à l'administration municipale, il est vrai, une généreuse intervention à l'effet de s'assurer si l'habitation de l'ouvrier est saine et convenable. Mais lorsque cette habitation fait partie d'un *passage particulier* trop étroit pour que l'air puisse y circuler librement et le soleil y faire pénétrer ses rayons bienfaisants, nous demandons si cette loi peut exercer une action complète d'assainissement ? Elle adoucit le mal, mais sans le détruire.

Armée du décret du 26 mars 1852, l'administration municipale, quand elle le juge indispensable, peut exproprier l'îlot de cahutes composant ce même passage malsain, cette cité homicide ; mais l'abus détruit, fauché dans un endroit, va reparaître bientôt à côté plus nuisible, plus cruel, plus insolent encore. Avec le produit de l'expropriation, avec son indemnité productive, le spéculateur construit toujours avec le même sans-façon un nouveau passage encore plus meurtrier.

Il faudrait, selon nous, que la législation exerçât non-seulement un pouvoir répressif, mais encore et surtout une action préventive.

Le droit de propriété est un droit sacré, sans doute ; mais tout droit qui s'exerce implique un devoir à remplir. Qu'un propriétaire fasse de son terrain ce que bon lui semble ; qu'il construise dessus, mais dans l'intérieur, une cabane à lapins ; qu'il s'y loge et s'y asphyxie faute d'air, — c'est son affaire.

Mais que dans l'intérêt d'une spéculation, pour faire suer à de pauvres locataires le plus d'argent possible, il leur rogne l'espace et trafique de la lumière, ce n'est pas là, selon nous, l'exercice, mais l'abus d'un droit que notre conscience ne saurait admettre comme légitime.

Dès qu'un propriétaire tire parti de sa maison, il fait un commerce de ses locations, or l'autorité municipale devrait exiger que ce commerce fût honnête.

Comment ! d'un côté vous punissez un marchand qui trompe sur le poids, qui triche sur l'aunage ou la qualité de la marchandise qu'il annonce, et vous ajoutez avec raison la prison à l'amende, en cas de récidive; tandis que, d'un autre côté, vous laissez un propriétaire louer librement à l'ouvrier une chambre malsaine, parce qu'elle s'ouvre sur un passage trop étroit pour que l'air y circule librement.

Ce dernier ne fraude-t-il pas sur ses locations d'une façon aussi coupable que le premier sur ses marchandises? Alors pourquoi la répression infligée au marchand et l'impunité en faveur du propriétaire quand cette impunité s'érige en un prétendu droit d'homicide ?

Ne laissons pas plus longtemps nos classes laborieuses s'étioler dans ces bouges qui sont la honte de Paris et de la civilisation. Nos édiles ont dépensé près d'un milliard pour assainir l'ancien Paris. S'ils laissent impunément augmenter le nombre déjà trop considérable, dans l'ancienne banlieue, de ces voies hermaphrodites, dans un demi-siècle leurs successeurs ne parviendront pas à réparer leur indifférence au prix de deux milliards.

XVI

Il est une autre question tout aussi grave et que notre devoir est de traiter dans l'intérêt de nos quartiers pauvres : il s'agit de provoquer la sérieuse attention de l'autorité municipale sur un grand nombre de *carrières* exploitées pendant de longues années dans l'ancienne banlieue devenue parisienne.

On connaît les travaux très-remarquables de consolidation exécutés dans Paris, à l'effet d'assurer les constructions élevées sur le sol qui couvre les catacombes.

En ce qui concerne l'ancienne banlieue, aucune précaution sérieuse n'avait été prise par les maires de ces communes suburbaines. Lorsque ces carrières se sont trouvées épuisées, on les a comblées tant bien que mal avec des terres rapportées, puis ces emplacements ont été morcelés successivement, et des constructions s'élèvent aujourd'hui sur des excavations, sur des abîmes qui menacent d'engloutir toute une population.

Ces carrières sont de différentes natures. Celles-ci ont servi à l'extraction de pierres tendres, et de celles-là du plâtre et du sable ont été tirés. Elles existaient anciennement et surtout dans l'ancien Passy, sur les hauteurs de Montmartre, de Belleville et de Ménilmontant.

Des fontis se sont déclarés successivement dans ces localités, sans que l'administration municipale ait cru devoir intervenir. A chaque réclamation, même réponse : « Tant qu'un fontis ne se produit pas *dans une voie publique ou dans la partie d'une propriété qui lui sert de limite*, *nous n'avons rien à faire*. »

Ainsi, l'on peut être sauvegardé dans une maison bordant une voie publique, mais on court infailliblement le risque d'être englouti dans une voie non municipale, dans un passage particulier ou dans un immeuble quelconque ne touchant pas à une rue admise à l'entretien de la ville.

Comme ces voies non reconnues par l'administration, comme ces passages particuliers renferment des locations d'un prix relativement peu élevé, ils sont par cela même envahis par nos classes laborieuses, qui demeurent exposées à un péril incessant.

Nous n'interprétons pas là des craintes chimériques, et bon nombre de propriétaires savent parfaitement, par leurs contrats d'acquisition, que leurs locataires courent le risque d'être engloutis, ce qui n'empêche pas ces propriétaires de louer le plus cher possible.

Cependant l'inspection des carrières possède les plans de ces anciennes exploitations ; elle connaît les dangers auxquels sont exposées ces localités ; l'humanité devrait commander à nos édiles de faire cesser le péril en ordonnant aux propriétaires des travaux de consolidation qui sauvegarderaient les habitants de ces tristes localités.

Nous posons en principe :

Qu'un bail consenti entre un propriétaire et un locataire, alors que le premier a loué un immeuble sans avoir déclaré qu'il repose sur une ancienne carrière ou excavation n'ayant pas subi de travaux de consolidation garantissant la sécurité de ce dernier, est un bail qui, par sa nature occulte, est vicié ; que par cela même il est susceptible d'être résilié avec des dommages et intérêts, s'il y a lieu.

Au reste, cette question sera prochainement tranchée par les tribunaux compétents.

XVII

La mission que nous avons à remplir consiste principalement à renseigner l'autorité municipale sur les plaintes proférées contre elle par ses administrés. Lorsque ces plaintes ne se justifient pas, notre devoir est de les écarter ; mais quand elles sont fondées, lorsqu'elles accusent une faute grave, il faut les interpréter fidèlement et faire tinter aux oreilles de nos édiles *des vérités appétissantes à leur honneur*.

Une des mesures les plus fausses, selon nous la plus injuste comme la plus regrettable, est sans contredit *la suppression des fêtes des anciennes Communes suburbaines,* suppression qui s'est effectuée quelques années après leur absorption par la ville de Paris.

Lorsque ces Communes avaient une existence propre et légale, chaque année leurs conseils municipaux votaient un crédit pour faire face aux frais que ces fêtes entraînaient naturellement.

Les dépenses à couvrir n'étaient en réalité que des avances qui devenaient productives, et tel marchand imposé à quelques centimes en récoltait autant de pièces d'or par l'affluence des acheteurs et des consommateurs parisiens sur lesquels ces fêtes exerçaient une attraction irrésistible, principalement en ce qui concerne nos classes laborieuses.

Ces réjouissances annuelles, qui se prolongeaient d'ordinaire pendant quinze jours, quelquefois durant trois semaines, ne profitaient pas seulement aux nombreux établissements situés dans ces parages, elles faisaient vivre encore une foule de petits marchands nomades qui vendaient une quantité considérable d'objets à bon marché confectionnés par des ouvriers.

Les Communes elles-mêmes rentraient dans une partie de la dépense par la perception de taxes plus abondantes sur les consommations qui s'augmentaient considérablement.

Ainsi telle Commune importante, comme Montmartre ou Belleville, par exemple, en avançant vingt mille francs, remuait à son profit plus d'un million, lequel se répandait par mille canaux divers sur toutes les parties du territoire.

Cette vérité bien comprise, voyons ce qu'a fait l'administration municipale de Paris.

Elle a frappé des taxes d'octroi de Paris toutes les Communes qui rayonnaient autour de la capitale, les faisant ainsi contribuer avant de leur avoir donné la moindre compensation. On comprend aisément le préjudice cruel qui en est résulté pour les établissements situés dans ces localités, principalement pour les commerces de bouche. En effet, le bon marché des denrées affriandait les ouvriers parisiens ; les dimanches et fêtes, après avoir pris l'air dans les campagnes environnantes, ils envahissaient les petits restaurants, en grand nombre dans ces parages.

Le prix des denrées s'élevant tout à coup pour atteindre le niveau du tarif parisien, tous ces établissements ont subi des pertes énormes et plusieurs d'entre eux ont fini par sombrer.

Eh bien ! la continuation de ces fêtes eût été un adoucissement à cette situation fâcheuse ; l'administration municipale de Paris les a tolérées pendant quelques années; puis tout à coup le crédit a été refusé et les fêtes ont cessé.

Le retentissement funeste que cette mesure déplorable a produit dure encore; le temps n'a pas cicatrisé cette blessure.

Nous croyons sincèrement que nos magistrats feraient acte de sagesse en rétablissant ces *fêtes annuelles* qui procuraient de petites moissons à ces localités auxquelles les taxes d'octroi de Paris ont été si funestes.

En consacrant une centaine de mille francs à cette équitable réparation, on ferait un bien infini sans grever lourdement le budget de la Ville de Paris.

XVIII

Les immenses travaux exécutés dans l'intérieur de la ville avaient refoulé, comme nous l'avons dit, nos ouvriers d'abord dans les quartiers excentriques de l'ancien Paris, ensuite dans les communes surburbaines, lorsque le vase trop plein déborda. La raison, on la connaît : parce que les constructions nouvelles ne renfermaient plus de petits logements dont les prix fussent accessibles à nos classes laborieuses.

Les émigrants ne se composèrent pas uniquement d'ouvriers en quête de modestes locations ; la classe des *petits rentiers* tout entière fut condamnée à un déplacement instantané.

La seconde émigration, qui se portait dans l'ancienne banlieue, présentait pour les uns comme en faveur des autres d'intéressantes compensations. En effet, si les ouvriers étaient éloignés de leurs travaux, l'air était plus pur dans les Communes suburbaines et la vie plus facile parce que nos artisans étaient exonérés des taxes d'octroi de Paris.

Les petits rentiers, en se réfugiant dans ces localités, échappaient à la double cherté calamiteuse des denrées et des petites locations, impossibles à subir dans l'intérieur de la grande ville.

Tout à coup l'octroi de Paris, comme une trombe, vint bouleverser les uns et les autres, les petits rentiers plus cruellement encore ; le tourbillon les entraîna pour les rejeter au loin.

Ces petits rentiers vivant à l'aise dans la banlieue avec 15 ou 1,800 francs de revenu, n'eurent plus le nécessaire dans cette zone si brutalement annexée. — De là ce grand malheur de leur expulsion définitive et complète.

Mêlés aux ouvriers et aux artisans, ces petits rentiers leur offraient de précieux exemples d'une vie laborieuse et honnête presque toujours récompensée par une modeste aisance ; ils constituaient une école permanente de moralisation. C'étaient d'utiles intermédiaires entre ceux qui jouissent du superflu et ceux qui manquent parfois du nécessaire ; ils tempéraient les convoitises et calmaient les passions qui fermentent dans le cœur de ceux qui souffrent.

Les taxes d'octroi de Paris ont chassé ces précieux auxiliaires, et Dieu veuille qu'on n'ait pas un jour à s'en repentir.

Lorsque nous interprétons les souffrances de nos quartiers excentriques, lorsque nous constatons le manque d'améliorations suffisantes, la cherté des loyers, l'élévation du prix des denrées, la privation absolue des moyens de locomotion, l'on nous répond avec le plus gracieux sourire, avec une charmante désinvolture : « *L'augmentation des salaires* offre aux ouvriers une ample compensation ; ils n'ont plus droit de se plaindre. »

On va voir quelle est la valeur de cette prétendue compensation. Cette question des salaires est la plus grave de toutes les questions ; aussi l'avons-nous creusée pendant de longues années.

Sans doute il y a un quart de siècle le prix de la journée des ouvriers était inférieur à la rémunération actuelle. Mais comme les chômages se prolongent maintenant beaucoup plus qu'autrefois, le gain d'aujourd'hui n'est pas en réalité supérieur, tandis que les denrées de première nécessité ont augmenté d'un tiers, et que le prix des petites locations a doublé.

Cette situation est la conséquence de l'augmentation excessive de la population ouvrière de Paris par le fait de l'envahissement de la Capitale par les classes pauvre de la province.

Tous les délégués des différents corps de métiers que nous avons consultés sont d'accord sur le fait suivant : Si l'on tient compte des chômages, des dimanches et des grandes fêtes, le salaire des ouvriers à Paris ne dépasse pas communément quatre francs par jour.

Sans doute on voit des ouvriers bijoutiers, graveurs et autres qui gagnent huit, dix et même jusqu'à douze francs; mais il est à remarquer que plus les états sont relevés, plus les chômages se prolongent.

D'ordinaire, les ouvriers qui fabriquent des ouvrages de première nécessité sont moins à plaindre que les ouvriers artistes.

Il est une vérité qu'il ne faut pas méconaître.

Les ouvriers étrangers et provinciaux sont moins malheureux à Paris que les ouvriers parisiens. Quoique partagés, les salaires des premiers sont au-dessus de ce qu'ils gagnaient chez eux. Ils ont quitté leurs familles, ils sont venus seuls, ils n'ont qu'à songer à leur personne. Pour la nourriture, ils l'obtiennent à bon marché dans les *gargots*. Ils n'ont pas de logements, ils couchent en garni. S'ils sont malades les hôpitaux de Paris leur sont ouverts. Ont-ils des besoins, souffrent-ils ? la charité est inépuisable à Paris.

L'ouvrier parisien, lui, vit en famille. Si sa nourriture est plus saine, elle lui coûte davantage. Son petit logement plus commode est aussi plus onéreux. S'il tombe malade, sa mère, sa femme lui prodiguent des soins. Il a l'hôpital en exécration, parce qu'il brise tous les liens d'affection; mais les médicaments, mais les médecins coûtent beaucoup, et voilà pourquoi l'amoindrissement de salaire frappe plus cruellement l'ouvrier parisien que l'ouvrier provincial ou étranger.

Ce fléau de la concurrence désordonnée par l'envahissement des classes nécessiteuses de la province est mortel aux ouvriers parisiens.

La cause : c'est l'exagération des grands travaux qui, rendant insuffisants les bras des Parisiens, a provoqué l'émigration de la province pauvre aux dépens de Paris, exagération qui, en fin de compte, devait amener fatalement l'interruption forcée de toutes les entreprises de la Ville au grand détriment de nos quartiers excentriques.

Contentons-nous de poser pour le moment nos points de repère pour la discussion qui va grandir.

Mais avant parlons du *salaire des femmes*.

Si les ouvriers ne gagnent pas communément plus de 4 francs par jour, la vérité est que l'ouvrière ne retire pas d'ordinaire plus de 20 sous de son travail. L'ouvrière mariée peut encore lutter, parce qu'elle possède un soutien, et que la vie à deux est moins difficile. Mais l'ouvrière sans mari, seule, ne pouvant ni se nourrir ni se vêtir convenablement avec ses 20 sous, l'ouvrière souffre, s'étiole ou se vend. Alors de la femme plus rien; la beauté une amorce et le cœur un masque.

XIX

Dans nos ménages parisiens, la femme est l'ange du foyer domestique ; c'est la grande raison qui fait que l'ouvrier parisien a plus de cœur que l'ouvrier provincial, isolé, perdu dans la grande ville.

L'ouvrier parisien crée, invente; l'ouvrier provincial exécute. Pourquoi cette supériorité de l'intelligence est-elle dévolue presque toujours au premier?

Dès son enfance, le Parisien se prépare aux grandes choses ; tout ce que les arts et l'industrie peuvent improviser de merveilles est là rayonnant sous ses yeux. Son esprit se développe à la vue, au contact de tant de beautés différentes comme son cœur s'est épuré aux douces caresses de sa mère.

Il n'est jamais seul dans ce sentier de la vie, si dangereux pour l'ouvrier provincial parce que ce dernier a quitté femme, enfant, tout ce qui fait la joie de ce monde par l'accomplissement du devoir.

Sans doute, toutes ces dérivations provinciales, si funestes à Paris, ne forment pas seules l'écume de la grande ville. D'ailleurs, il est de braves et honnêtes cultivateurs, de bons ouvriers de nos villes secondaires qui viennent chercher à Paris les moyens de vivre plus à l'aise, tout en travaillant moins péniblement.

Mais cette émigration, tordez-la par la pensée comme on presse une éponge, jamais vous ne saurez en exprimer l'essence la plus pure d'une nation. — Pourquoi? Parce qu'il leur manque le meilleur et le plus sûr des enseignements — la famille.

Enfin, parmi nos classes laborieuses dans Paris, quelle est la plus à plaindre, quoique la mieux méritante et conséquemment la plus digne d'intérêt?

Celle qui se compose d'*ouvriers parisiens mariés et pères de famille*.

Eh bien! notre enquête administrative va porter principalement sur cette classe, si malheureuse aujourd'hui par le prix élevé des denrées, la cherté des petites locations et l'éloignement de ses travaux.

Ce ne sont pas des théories plus ou moins brumeuses que nous allons reproduire ici, mais des faits irréfutables, toujours recueillis dans des conversations entamées avec nos ouvriers. Les explications que nons avons provoquées ont été suivies constamment de réponses nettes et précises; ce sont les femmes, les bonnes ménagères, qui nous ont donné les plus utiles renseignements. Cela devait être: les privations, dans un ménage, sont plus cruellement amères pour la femme de l'ouvrier, qui souffre dans son mari et pleure dans son enfant.

Pour rendre plus expressives ces explications, nous leur conservons l'intimité de la conversation, la forme du dialogue, en donnant à l'ouvrier le nom de l'état qu'il exerce ; à la femme, le titre de ménagère qu'elle mérite si bien ; à nous, celui d'écrivain, que nous saurons porter dignement.

Cela dit, commençons.

L'ÉCRIVAIN. — Avant de me faire connaître votre situation, vos besoins, vos aspirations, laissez-moi vous dire ce que j'entends faire de vos enseignements. Selon moi, le *suffrage universel* contient le germe de toutes les libertés fécondes; sans doute, dans son expansion, il aura ses exagérations, ses injustices, jusqu'au jour où l'instruction, pénétrant dans la chaumière comme dans l'atelier, deviendra le limon qui facilitera l'éclosion de toutes ces libertés. Donc toute révolution est désormais homicide; on ne renverse pas quand on a la force et le droit d'édifier. Si nous sommes d'accord sur ce principe, discutons en frères. Pas de récriminations, pas de haines. En me signalant des vérités utiles, expressives, vous me conférez l'inviolabilité par la modération.

Voyons, vous vous plaignez de l'administration municipale ; expliquez-vous, en quoi et comment vous a-t-elle porté préjudice ?

LA MÉNAGÈRE. — Avant 1848, nous demeurions dans l'impasse Saint-Faron (1), près de l'Hôtel de Ville, au cinquième étage d'une ancienne maison. Notre réduit consistait en deux chambres et un petit cabinet servant de cuisine, le tout au prix de 110 fr. par an. Nous venions de nous marier. En 1849, on nous signifia congé ; on allait continuer la rue de Rivoli. Ce premier déplacement ne s'opéra pas sans regrets.

L'ÉCRIVAIN. — La continuation de cette voie, qui a supprimé 22 ruelles privées d'air et de lumière, m'a toujours paru précieuse d'utilité

(1) En 1295, c'était la rue de l'*Esguillerie* (des marchands d'aiguilles). Elle devait son dernier nom aux abbés de Saint-Faron, qui possédaient un hôtel en cet endroit. L'impasse Saint-Faron, qui avait son entrée dans la rue de la Tixéranderie, a été supprimée en 1850; son emplacement se trouve confondu dans la rue de Rivoli et dans la caserne Napoléon.

publique, surtout au point de vue de nos classes laborieuses. Il y avait là au centre de Paris un entassement de population qui naissait, souffrait, mourait sans sortir d'une atmosphère putride. Ces ruelles étaient de complicité permanente avec les épidémies, fauchant de préférence les ouvriers et les artisans de Paris. La rue de Rivoli, dans cette partie notamment, devenait un précieux ventilateur.

LA MÉNAGÈRE. — Loin de moi la pensée de chercher à diminuer l'action bienfaisante de cette voie! ce que j'entends constater, c'est le préjudice que nous a causé ce premier déplacement. Vous allez le comprendre.

Nous étions dans le voisinage des Halles centrales, et j'avais l'habitude d'aller chaque matin faire nos petites provisions au moment où la cloche avertissait que la vente allait cesser. Aussi, les marchandes pressées, au lieu de remporter leurs denrées, aimaient mieux les vendre à prix réduits, et j'en profitais. Puis, à côté de la maison se trouvait une borne-fontaine, et j'étais au premier rang lorsqu'on l'ouvrait; de cette façon j'avais l'eau nécessaire.

L'ÉCRIVAIN. — Sans aucun doute, le voisinage des grandes Halles vous était favorable, sous le rapport de la vie à bon marché.

LA MÉNAGÈRE. — Forcé par l'expropriation de quitter l'impasse Saint-Faron, mon mari voulut aller habiter la rue de Ménilmontant, qu'on appelle aujourd'hui rue Oberkampf. Mais notre intention était de n'y loger que provisoirement pour retourner dans notre ancien quartier. Je m'y rendis effectivement en 1852 ; mais le prix des petites locations avait doublé dans les anciennes rues, et dans les voies nouvelles, pas moyen d'y songer; d'ailleurs chaque portier, devenu concierge, répondait invariablement : « *Le propriétaire ne veut plus d'ouvriers.* »

L'ÉCRIVAIN. — Ce refus s'explique. Sur des terrains chèrement payés par l'expropriation, il fallait nécessairement construire des maisons importantes ; il était donc impossible d'y établir des logements à usage d'ouvriers. Quant aux maisons qui restaient dans les anciennes rues de ce quartier, le prix des petites locations avait doublé, comme vous le dites, parce qu'il avait fallu jeter par terre trois ou quatre cahutes, afin de se procurer l'emplacement suffisant pour construire en bordure de la nouvelle voie une maison convenable.

Le seul reproche à faire à l'administration en cette circonstance est celui-ci : En faisant le vide dans le centre de Paris pour le transformer, il fallait à tout prix improviser de modestes maisons dans nos quartiers excentriques, afin que les émigrants vinssent s'y réfugier en grand nombre sans subir d'augmentations locatives. L'administration ne s'en est guère préoccupée — c'est là son tort.

LA MÉNAGÈRE. — Nous voilà donc forcés de rester dans la rue de Ménilmontant. Mais au lieu de 110 francs de loyer, il me fallut payer 160, puis 180, enfin 200 francs, Plus de borne-fontaine dans le voisinage, et le marché Popincourt ne valait pas pour nous les Halles centrales. Aussi, en 1857 notre budget se trouvait en déficit. Le mal empirait de jour en jour. Au commencement de l'année 1858, je dis à mon mari : Pourquoi rester dans Paris, où les petits logements augmentent sans cesse, où les denrées sont de plus en plus chères ? Si nous dépassions la barrière, nous pourrions diminuer nos frais de location et de nourriture. Maintenant que nous avons un enfant, il faut nous restreindre pour lui donner le nécessaire.

L'ÉCRIVAIN. — C'était faire preuve de sagesse.

LA MÉNAGÈRE. —Mon mari a consenti. Quelques jours après, toute la petite famille était installée dans la rue de l'Ermitage, à Belleville (1). Nous étions en bon air ; notre logement, composé de trois pièces, nous suffisait, et grandement. Les objets de première nécessité se trouvaient à meilleur compte que dans l'intérieur de Paris ; mon fils poussait comme un champignon et faisait plaisir à voir. Mon mari, il est vrai, avait une course plus longue à faire pour se rendre à son travail et revenir le soir au logis, mais il chantait tout le long du chemin en songeant au bien-être de sa petite famille. Non-seulement notre déficit avait été comblé, mais encore, à la fin de l'année 1859, j'avais économisé cent quatre-vingts francs.

(1) Cette rue a été tracée au commencement de notre siècle sur les dépendances du château de Ménilmontant. Elle occupe l'emplacement de l'*Ermitage*, construit par la marquise de Pompadour.

Telle était notre situation, lorsque l'extension des limites de Paris est venue nous bouleverser et remplacer l'aisance par la gêne. Notre location d'abord s'est augmentée d'un quart ; absence complète de bornes-fontaines ; l'eau me coûte 40 francs par an. Le vin, que nous étions parvenus à faire venir à la pièce, et qui nous arrivait du Midi, le vin nous coûtait, avec les frais de transport, 85 francs pour 280 bouteilles environ, c'est-à-dire un peu plus de 6 sous la bouteille. Aujourd'hui, depuis l'annexion, cette même pièce de vin me revient à 145 fr; c'est trop cher, je m'en passe (2).

(1) On m'expédie de Narbonne du vin ordinaire au prix de.................................... 82 f. »

Au prix coûtant, il faut ajouter pour frais de transport.................................... 15 80

Le reçu de l'octroi (2 hectol. 25 lit.)........ 46 35

Timbre.................................... » 10

Total........... 144 25

Avec le pourboire, qui n'est pas obligatoire, mais qu'on donne toujours, c'est un chiffre rond de 145 fr. Dans le reçu du chemin de fer du Midi, se trouve cette mention : *Droit de magasinage*, 2 fr. 10 c. Je me demande: d'où vient ce magasinage, puisque ce vin m'est expédié directement et sans rester en gare? (Note du rédacteur.)

La viande, le charbon, le bois, l'huile, exonérés autrefois de l'octroi de Paris, sont devenus beaucoup plus chers depuis 1860, et cela d'au moins 20 pour 100. En fin de compte, autrefois, avan- l'extension des limites de Paris, vivant à l'aise dans l'ancienne banlieue, nous placions encore un peu d'argent à la caisse d'épargne ; aujourd'hui et depuis 1860 que nous sommes dans Paris, nous subissons constamment la gêne, et trop souvent nous engageons nos effets au mont-de-piété. Maintenant,c'est à mon mari à vous faire connaître les causes qui ont produit cette situation fâcheuse qui est commune à la presque totalité des ouvriers parisiens.

L'ÉCRIVAIN. — Creusons principalement la question du salaire. — J'écoute votre mari maintenant.

LE TOURNEUR. — Lorsque je me suis marié en 1847, les ouvriers tourneurs en bois gagnaient d'ordinaire 4 francs par jour ; aujourd'hui on nous donne de 5 à 6 francs, cela dépend du plus ou moins d'habileté.

Cependant autrefois nous étions dans l'aisance, tandis que maintenant nous sommes gênés ;

pourquoi ? Parce que, le nombre des bras, excédant de beaucoup la somme de travail, nous avons à subir des chômages prolongés. Dans l'ébénisterie proprement dite, par exemple, les ouvriers allemands viennent faire aux ouvriers parisiens une concurrence des plus redoutables. Une fois à Paris, ils y restent toujours et quand même.

Comme ils n'ont pas de famille, ils s'engagent à prix réduits. Voilà comment, tout en ayant des journées de travail mieux rétribuées que par le passé, notre gain annuel devient inférieur au gain d'il y a vingt ans.

L'ÉCRIVAIN. — Quelle est, selon vous, la cause de cette concurrence désordonnée toujours au détriment des ouvriers parisiens ?

LE TOURNEUR. — Les provinciaux et les étrangers entendent tambouriner : On dépense dans Paris les millions par centaines ; naturellement ils se disent : Paris est une ville de ressources, et ils partent. L'industrie et le commerce rémunéraient convenablement les ouvriers parisiens, mais comme il leur faut partager avec ces provinciaux et ces étrangers, les salaires diminuent au détrimentdes premiers surtout, qui supportent des charges dont les autres s'affranchissent.

L'ÉCRIVAIN. — Vous venez de parler de l'ébénisterie : les grands travaux dans Paris ont dû lui profiter singulièrement. Quand une maison est bâtie, naturellement il faut la meubler.

LE TOURNEUR. — Sans doute. Mais lorsque le nombre des ouvriers ébénistes dépasse encore de beaucoup la somme des besoins, les commandes ont beau progresser, elles sont toujours insuffisantes. Rendons cette vérité bien expressive : quelle était l'industrie la plus favorisée par l'exécution des grand travaux dans Paris? Evidemment l'industrie du bâtiment. Eh bien! par le fait de l'éxagération de ces grands travaux, l'administration municipale, faute de ressources, a suspendu forcément l'exécution de toutes ses entreprises. Qu'en est-il résulté? L'industrie du bâtiment ne se trouve plus alimentée maintenant que par des constructions particulières ; aussi cette industrie-mère commence à jeûner. Si cette suspension des travaux continue, croyez-vous que les maçons, les charpentiers, les couvreurs, les terrassiers provinciaux s'en retourneront bénévolement dans leur pays? Paris est une ville qu'on ne quitte pas, tant elle a de charme pour le pauvre comme pour le riche. Cet excédant provincial se fera parisien quand même avec ou sans besogne.

L'ÉCRIVAIN. — Mais il est bien difficile, on peut dire impossible, de mettre une digue à cette marée montante. N'allons-nous pas, nous autres Parisiens, nous établir en province où à l'étranger? pourquoi donc empêcher qu'on vienne travailler chez nous?

LE TOURNEUR. — A Dieu ne plaise qu'on nous prête l'intention de gêner cette liberté de déplacement, quoique les Parisiens n'en usent guère. La concurrence, nous le comprenons, est le stimulant du génie qui crée, qui invente. Nous avons nos héros : les Bernard Palissy, les Jacquard, les Oberkampf, les Richard Lenoir nous servent d'exemples, et nous les glorifions.

La liberté industrielle et la concurrence commerciale produisent le bon marché dont profitent les consommateurs, c'est-à-dire tout le monde.

Nous voulons bien ouvrir nos rangs aux artisans, aux ouvriers provinciaux ou étrangers, et lutter avec eux à qui fera le mieux, plus vite, et à meilleur compte, mais nous ne voudrions pas devenir la minorité c'est-à-dire victimes.

L'ÉCRIVAIN. — Comment cela ? dites toute votre pensée.

LE TOURNEUR. — L'exagération des grands travaux dans Paris, comme vous le savez mieux que nous, devait rendre insuffisant le nombre des ouvriers parisiens, vivant, prospérant de l'industrie du bâtiment. Qu'a produit cette exagération ? Une double calamité dont nous souffrons cruellement, nous autres ouvriers parisiens. D'abord, l'amoindrissement de nos salaires, parce que cette exagération a provoqué à nos dépens l'émigration des classes pauvres de la province et de l'étranger. Comme tous ces émigrants n'ont pu trouver place dans l'industrie du bâtiment, ils se sont forcément rejetés sur d'autres professions qu'ils ont fini par encombrer.

Ensuite, cette exagération ne pouvant se perpétuer sans craindre que la banqueroute n'en devînt la punition, il a fallu s'arrêter, interrompre tout à coup, brusquement, les grands travaux dans les quartiers pauvres, et cela, répétons-le en face d'une augmentation de plus de

400 mille ouvriers et artisans provinciaux ou étrangers, que cette exagération avait attirés dans Paris.

L'ÉCRIVAIN. — Mais enfin que fallait-il faire selon vous ?

LE TOURNEUR. — Une chose bien simple : Entreprendre dans Paris des travaux modérés pour assurer leur permanence, assainir le centre de la ville, mais en suivant avec intérêt l'émigration des ouvriers et des artisans, que cette transformation devait forcément refouler aux extrémités ; leur procurer dans les quartiers excentriques l'équivalent des avantages dont ils jouissaient dans les quartiers de l'intérieur ; ne les frapper des taxes d'octroi de Paris que le jour où leur assimilation avec l'ancienne ville eût été complète sous le rapport du nécessaire ; suspendre enfin les travaux de luxe dans le Paris riche, pour ne s'occuper que de travaux utiles dans le Paris pauvre. Voilà ce qui était juste et rationnel, voilà ce qu'on n'a pas fait.

Le Préfet de la Seine ne possède aucun trait de ressemblance avec les Parisiens. Il lui manque les allures d'un gentilhomme et il ne sait pas se faire peuple. Vous avez vu comme il le traite et entendu comme il lui parle ; aussi est-il profondément antipathique aux ouvriers et aux artisans de Paris. Cette réprobation presque unanime déteint sur l'autorité dont il est une de ces erreurs, un de ces *points noirs* qui s'épaississant de jour en jour, deviennent nuages et recèlent la foudre.

L'ÉCRIVAIN. — Quelle sainte mission cependant il avait à remplir en faisant de l'administration humainement distributive ! Quelle influence heureuse il pouvait exercer sur les classes laborieuses en faveur du Souverain qui l'avait tiré de l'obscurité pour le placer si haut ! Que de bien il pouvait réaliser si le cœur eût été à l'unisson de l'intelligence ! Comme il était facile au Magistrat de faire adorer le Souverain, en l'honneur duquel on eût dressé dans nos quartiers pauvres des statues, dont les gros sous des artisans et des ouvriers eussent à l'envi fourni le métal ! Si le Préfet de la Seine avait possédé seulement l'intuition du juste et du vrai, son administration eût conquis une à une les blouses par les habits, tandis que ce sont les blouses qui, attirant à elles les habits, ont recruté, par la faute du Magistrat, une immense majorité en faveur de l'opposition.

XX

Quittons maintenant la chambre de l'ouvrier pour entrer dans le salon du grand seigneur, et voyons si l'administration municipale s'est concilié plus de sympathie dans la splendide demeure du riche que dans le triste réduit du pauvre.

Nous sommes en plein faubourg Saint-Germain, dans un de ces somptueux hôtels dont la grandeur et l'élégance contrastent avec les maisons carton-pierre des Samuel Bernard de nos jours.

Il y a fête dans cette demeure princière où le luxe et le bon goût ont élu domicile depuis des siècles. Ces anciennes familles ont un cachet de distinction, un savoir-faire et un savoir-dire que les parvenus cherchent à imiter comme le strass simule le diamant. Les hommes y sont dignes; les femmes possèdent un genre de beauté perfectionné, dont les plus beaux types populaires ne sauraient approcher. On comprend instinctivement que ces natures, toujours baignées d'âge en âge dans le luxe, le repos, l'éducation et l'esprit, se transmettent une distinction, une supériorité qui les font reines partout.

Le maître de céans est un de ces grands seigneurs dont les aïeux, pendant huit siècles, ont tour à tour arrosé leur blason de leur sang, au service de la France et du Roi — c'était tout un.

Ne pouvant poursuivre leurs exploits, il continue leur droiture et leur fidélité. Ses opinions ou mieux sa religion politique est la plus belle comme la plus pure des croyances. Lorsqu'il invoque Dieu, l'amour de la patrie couronne sa prière et la sanctifie.

Or, il y avait fête dans cet hôtel princier; les salons où l'on dansait se trouvaient tous encombrés, et la chaleur était étouffante. Pour respirer un peu, je cherchais une de ces pièces où se retirent, pour jouer ou causer à l'aise, les *raisonnables*, c'est-à-dire ceux qui sont fâchés de l'être, et celles qui sont désolées de passer pour telles.

Enfin, j'avais découvert un de ces petits salons; je me disposais à y entrer, lorsque j'entendis une discussion entrecoupée de reparties vives et brusques comme le cliquetis de plusieurs épées. Alors ma main qui s'apprêtait à tourner le bouton de la porte s'arrêta, et j'allais me diriger d'un autre côté, lorsque le maître de la maison, sortant de cette espèce de champ clos, m'aperçut et s'écria : — « Parbleu ! voilà notre homme ! On bataille sur l'administration municipale, il a droit d'entrer dans l'arène. » Comme je faisais des difficultés, il me poussa dans le petit salon, et je tombai au milieu des combattants.

Je les connaissais tous. Trois surtout me parurent les plus acharnés; en esquissant leurs caractères j'expliquerai leur rivalité.

Le premier, le plus violent en apparence, est un vieux professeur, Parisien pur sang, nature spirituelle, impressionnable et pleine d'exagérations, mais ayant toutes pour mobiles un bon sentiment, une noble passion. Le maître de la maison, auquel nous allons donner le titre qu'il porte dignement, le duc, avait été l'un des élèves chéris et les plus sermonnés de l'ancien professeur qui se nommait *Père Arsène.*

Le second est un ancien commerçant; à force de travail, d'intelligence et d'économie, il s'est enrichi. Il calcule tout jusqu'au sentiment qu'il escompterait en pièces de six liards si elles avaient cours. Conseiller municipal avant 1848, il eût volontiers administré Paris comme un marchand de la rue des Lombards gère son commerce de pruneaux et de pistaches. Il avait failli devenir fou alors que le comte de Rambuteau, rêvant pour son hôtel-de-ville un palais des *Mille et une Nuits*, réclamait millions sur millions.

Ces messieurs du Conseil municipal s'en tenaient à un agrandissement motivé; ils voulaient quelque chose de propre, voilà tout. Pour conquérir son palais sur l'hôtellerie bourgeoise des cerbères de la caisse municipale, voici de quelle manière le comte de Rambuteau dressait toutes ses batteries : Lorsque le Magistrat n'avait plus d'argent, ce qui arrivait fréquemment, soudain le Préfet annonçait une fête à laquelle, bien entendu, assistaient les conseillers et leurs familles. Là, complaisamment, le Magistrat gentilhomme et diplomate leur détaillait les travaux exécutés, faisait hommage aux dames de ces messieurs du luxe éblouissant des salons, de toutes leurs richesses, qui, disait-il, servaient de cadre à leur beauté.

Cet éclat, cette magnificence, la galanterie du Préfet enchantaient les dames, qui faisaient fondre le puritanisme de leurs chers maris, les conseillers municipaux. Le lendemain un tout petit rapport descendait au conseil; c'était le comte de Rambuteau qui demandait un crédit, et faisait escompter l'attendrissement de la veille.

Notre ancien commerçant, chaste époux, se distinguait parmi les attendris. Il continue toujours sa chasteté, maintenant sexagénaire, visite annuellement les stations thermales, en compagnie de sa femme, en disant à son retour : J'ai fait un voyage d'agrément. Inutile de dire que l'ex-conseiller abhorre l'administration actuelle. — Nous désignerons l'ancien commerçant sous le nom de *maître Patrice.*

Le troisième est un savant hors ligne, bien qu'il fasse à la science de nombreuses infidélités.

Il s'est octroyé huit fonctions différentes et hostiles; pour les mettre d'accord il n'en remplit aucune, mais les rend toutes lucratives. C'est un phraseur élégant, un robinet d'eau tiède. A chaque révolution, il surnage comme le liége, en disant : Je me dois à mon pays. Ce qu'il y a de certain, c'est que son pays ne lui doit rien, au contraire. Il est au nombre des conseillers municipaux actuels, presque tous *in partibus infidelium* : c'est le séide du baron Haussmann ; nous l'appellerons *Fulgence*.

Les personnages ainsi posés comme des points de repère, voici la reproduction fidèle de cette conversation à laquelle j'ai pris part comme écrivain.

LE DUC. — La question qui s'agite est des plus intéressantes ; elle deviendrait pour nous tous très-instructive si la discussion était calme et raisonnée. Les danses sont animées, et nous laissent quelques instants de liberté; — profitons-en.

L'ÉCRIVAIN. — Pour ne pas laisser la discussion s'égarer, il importe de poser la question en ces termes, que je vous soumets : *Quelle est la meilleure administration municipale?* Les vieux échevins ont répondu pendant huit siècles : *C'est l'administration qui consolide le Pouvoir par l'affection des classes laborieuses.* Comme ce principe doit être de tous les temps, si vous le voulez, partons de là, et demandons-nous si la Ville de Paris est administrée au plus grand avantage de l'autorité comme dans l'intérêt de la majorité de la population parisienne.

LE PÈRE ARSÈNE. — J'admets, en ce qui me concerne, ce point de départ. Mais la Ville de Paris est-elle, de nos jours, réellement et sincèrement administrée ? Avons-nous une institution municipale ?

MAITRE PATRICE. — Paris n'est pas administré, mais gouverné par un Préfet de la Seine, et despotiquement encore. Quant à l'ancien régime municipal, en ce qui concerne nos anciennes franchises, dont nos dignes aïeux, les bons bourgeois de Paris étaient si fiers, il n'en reste aucuns vestiges.

FULGENCE. — Tant mieux, le Pouvoir s'en trouve bien, et Paris également.

LE PÈRE ARSÈNE. — Permettez, c'est un compte à faire.

LE DUC. — Il importe au moins de l'examiner avant de l'approuver.

FULGENCE. — Pour ma part, je suis complétement de l'avis du Préfet de la Seine, alors qu'il nous dit : « Paris ne peut être considéré comme une Commune, c'est autre chose, c'est une Capitale. L'organisation indépendante de la municipalité de Paris, sous quelque forme qu'elle soit conçue, ne serait autre chose, que la création d'un d'un État dans l'État. »

L'ÉCRIVAIN. — Mais à entendre parler ainsi M. le baron Haussmann, ne vous semblerait-il pas que la Ville de Paris ne date, comme Capitale, que de cette seconde époque impériale. Paris est tête et cœur de la France, depuis Philippe-Auguste, c'est-à-dire depuis près de sept siècles ; et nos anciens rois, qu'ils s'appellent Charles V, François Ier, Henri IV ou Louis XIV, n'ont jamais dit : L'indépendance du corps municipal de Paris constitue un État dans l'État. En ce qui concerne les franchises municipales, nous sommes moins bien partagés en 1869 que ne l'étaient nos dignes aïeux en l'année 1200 ; ce qui veut dire que sous ce rapport nous avons reculé de sept siècles.

LE PÈRE ARSÈNE.—La suspension prolongée de nos libertés municipales, les premières et les plus vives de toutes nos libertés, n'est-elle pas en contradiction flagrante et coupable avec le suffrage universel? Comment tel homme que vous croyez apte à s'associer par son vote au gouvernement de son pays serait considéré comme incapable, ou indigne de participer à l'administration d'une ville! Mais qui peut le plus devrait pouvoir le moins; le droit d'élire un conseiller municipal n'est que la dérivation du pouvoir de nommer un député.

L'ÉCRIVAIN. — Toutes les Communes de France ont droit d'avoir un conseil municipal *élu*, et Paris serait condamné à subir à perpétuité une commission, improprement nommée municipale.

LE PÈRE ARSÈNE. — Mais ce serait pour Paris un abaissement, un aplatissement monstrueux.

L'ÉCRIVAIN. — Le dernier des paysans de la Champagne pouilleuse, ou de la Savoie récemment annexée, dont toute l'intelligence se mesure aux mouvements de sa charrue traçant toujours les mêmes sillons, jouirait de certaines prérogatives, exercerait des droits refusés à tout jamais au peuple de Paris, d'où part le premier rayonnement qui éclaire le monde? Pourquoi donc le Préfet de la Seine se permet-il de frapper ainsi de déchéance administrative toute la population parisienne, qui a bien le droit, après tout, d'aspirer à des libertés municipales dont nos ancêtres ont joui pendant des siècles. Ce qu'il y a de plus maladroit, c'est de voir un Magistrat flageller ainsi ses administrés.

FULGENCE. — Mais vous savez très-bien que l'exercice de ce droit serait Maintenant dangereux à Paris.

LE PÈRE ARSÈNE.—Si vous nous forciez d'admettre aujourd'hui ce prétendu péril dans l'élection des membres du Conseil municipal de Paris, qui vous empêcherait de venir nous dire demain qu'il y a danger à nommer des députés, et qu'un Conseil d'État suffit à la nation comme une Commission municipale est tout ce qu'il faut pour Paris?

L'ÉCRIVAIN. — S'il était nécessaire au lendemain de nos discordes civiles, et pour raison d'apaisement, de suspendre pour un temps l'exercice de nos libertés municipales, pourquoi donc frapper la Ville de Paris d'un interdit perpétuel, et cela par l'organe du Préfet?

LE PÈRE ARSÈNE.—Pourquoi, dites-vous? parce que le Préfet entend soustraire ses actes à un contrôle sérieux qu'un Conseil municipal *élu* peut seul exercer.

FULGENCE. — Cela signifie que la commission municipale dont j'ai l'honneur de faire partie n'est pas indépendante.

PATRICE. — C'est absolument comme si vous vouliez faire contrôler les actes du gouvernement, voter l'impôt, par un Conseil d'État nommé par le pouvoir.

LE DUC. Voyons, messieurs, de la modération.

L'ÉCRIVAIN. — Nos arguments n'en auront que plus de valeur. Reprenons la question pour la creuser profondément. Paris est-il administré dans le sens municipal de ce nom? voilà ce qu'il faut examiner pour l'instant seulement. Dans un intérêt de sécurité publique, le premier Magistrat de la Ville de Paris doit être une émanation du pouvoir. Si habilement agencés que soient les rouages d'une grande administration publique, si le moteur ne se trouve pas dans la main de l'autorité supérieure pour répondre de la tranquillité du pays, l'institution ou la loi qui la régit est mauvaise parce qu'elle est dangereuse. Donc le Préfet de la Seine ou le maire de Paris, doit être l'homme du pouvoir, c'est-à-dire choisi par lui.

Mais si le Préfet est une émanation de l'autorité, que doit être le Conseil municipal? Évidemment l'expression de la Cité. Le premier crée, organise; le second apprécie et contrôle. Conséquemment si l'un doit être *nommé* par le Pouvoir, l'autre doit être *élu* par la Ville.

En effet, quelle est la plus sûre garantie du contrôle? Évidemment l'indépendance de celui qui l'exerce. Partant de cette vérité, le Conseiller municipal, *nommé* par le Pouvoir sur la présentation du Préfet, n'a pas la même liberté d'examen et de conscience que celui qui arrive dégagé de toute obligation, affranchi de toute reconnaissance.

Voilà pourquoi, au point de vue de l'autorité, aussi bien que sous le rapport de la défense loyale et ferme des intérêts de la Ville de Paris, il importe essentiellement, il faut que le Préfet de la Seine et les Conseillers aient une origine distincte, complétement différente. Comme ils émanent tous du Pouvoir aujourd'hui, ils sont juges et parties en même temps ; il en résulte que la Ville de Paris se trouve gouvernée, mais n'est pas administrée (1).

LE DUC. — Maître Fulgence, qu'avez-vous à répondre ?

FULGENCE. — Je n'ai qu'à répéter ce que M. le Préfet de la Seine a si bien dit : « Paris appartient à la France entière. C'est le centre de la puissance publique, le séjour du Souverain, le siége de tous les grands corps de l'État et de presque toutes les institutions nationales. Tout y aboutit : grandes routes, chemins de fer, télégraphes. Tout en part : lois, décrets, décisions, ordres, agents... Les énergiques moyens de centralisations organisés à Paris de siècle en siècle, par les divers gouvernements, en ont fait l'âme de l'Empire. »

« A Paris se rencontrent en même temps et se développent par un mutuel contact toutes les

(1) Ce chapitre était imprimé avant le discours prononcé par l'Empereur le 29 novembre dernier. *(Note du Rédacteur.)*

intelligences, toutes les activités de la nation : c'est le foyer des lettres, des sciences et des arts ; c'est là que s'élaborent les idées, que s'exaltent les sentiments public...

» N'est-il pas évident, dès lors, que de tous les actes d'administration purement municipale en apparence, quipeuvent s'accomplir dans une telle Cité, il n'en est presque pas un seul qui ne touche à quelques égards le gouvernement, la nation même, ou des intérêts de telle importance, qu'ils se confondent à peu près avec l'intérêt public? »

« L'ordre de cette Cité Reine est une des premières conditions de la sécurité générale; sa splendeur rejaillit sur tout le pays; le bien-être de la population qui y passe importe à presque toutes les familles de France, et n'est point indifférent à la paix publique. »

Telles sont les raisons données par le premier Magistrat de la Ville, raisons excellentes, et qui me font repousser l'organisation indépendante de la municipalité de Paris.

Souvenons-nous de l'ancienne Commune de Paris, devant laquelle se courba la France entière, et qui la couvrit de deuil et de sang. On vous a montré d'un côté un paysan de la Champagne et de la Savoie, qu'on a complaisamment aplati pour l'opposer à l'habitant de Paris, doué selon vous de la plus lumineuse intelligence ; puis, on vous a dit : Le campagnard, la brute a le droit d'élire ses magistrats, le Parisien, l'homme d'esprit, ne l'a pas — voyez l'iniquité.

A ceci je réponds : Si le Conseil municipal *élu* de Chambéry est composé d'énergumènes ou d'irréconciliables, cela ne fera pas sourciller le pays; que cette opposition taquine finisse par ennuyer le Pouvoir, il dissoudra le Conseil en question, et tout sera dit. Mais que la Ville de Paris ait un Conseil municipal *élu* et que ce Conseil soit composé d'ennemis du gouvernement...

L'ÉCRIVAIN. — Il fera naturellement à Paris ce que vous supposez qu'il doit faire à Chambéry.

FULGENCE. — Il est évident que cette opposition de Magistrats parisiens troublera le pays, inquiétera le Pouvoir. Or, il doit être permis au pays, à l'autorité de se sauvegarder. Vous m'avez interrompu pour me dire : Le Pouvoir peut dissoudre le Conseil municipal *élu* de Paris; mais une opposition semblable, et plus dangereuse encore, renommera les mêmes membres, et le péril sera permanent.

C'est un malheur sans doute que cette exception contraire à Paris et qui froisse sa population; mais ce malheur est une nécessité. Paris n'a pas le droit de troubler impunément la France.

J'arrive maintenant à cet autre argument formulé par l'écrivain que vous venez d'entendre: «Comment! voici un homme, un habitant de Paris, que vous estimez excellent pour concourir à la nomination d'un député, et ce même homme ne posséderait pas les facultés nécessaires pour élire un conseiller municipal.»

Il ne s'agit pas de mesurer les intelligences avec un compas et de tarifer les aptitudes. Qu'un département nomme des députés opposés au gouvernement, d'autres départements peuvent fort bien corriger les fâcheux effets de cette élection partielle.

L'ÉCRIVAIN. — Mais si l'opposition a la majorité?

FULGENCE. — Le pouvoir changera de système ou dissoudra le Corps législatif.

L'ÉCRIVAIN.—Eh bien ! alors ce que vous dites possible, légal en ce qui concerne une opposition législative, vous serait à plus forte raison permis à l'égard d'une opposition municipale.

LE DUC. — Voyez comme cette question grandit par la discussion.

L'ÉCRIVAIN. — Nous sommes arrivés, mon adversaire et moi, à ce moment suprême où nos glaives n'ont plus à se saluer avec courtoisie, mais à tuer. Maître Fulgence vous dit : Il y a danger pour le Pouvoir, pour la tranquillité du pays à laisser les habitants de Paris nommer leurs Magistrats. Pas de Conseil municipal ; une simple Commission octroyée par le Pouvoir est suffisante aujourd'hui, demain, toujours.

FULGENCE. — C'est bien là mon opinion.

L'ÉCRIVAIN. — Donc vous ne sortirez pas du cercle que vous avez tracé vous-même.

FULGENCE. — J'y suis trop solidement établi pour avoir l'intention de le dépasser.

L'ÉCRIVAIN. — Maintenant, si je prouve à ceux qui nous écoutent que cette situation exceptionnelle de la Ville de Paris qui dure depuis trop longtemps, qui menace de se perpétuer, a déjà porté le coup le plus funeste à l'autorité, que direz-vous, maître Fulgence?

FULGENCE. Je dirai franchement que le système que j'ai préconisé est un mauvais système, et je m'avouerai vaincu.

L'ÉCRIVAIN. Les franchises municipales ont toujours été les libertés les plus vives. Les sociétés, puis les peuples ne se sont constitués solidement que par elles. Quand une nation commence de poindre à l'horizon politique, c'est qu'elle a réuni, groupé les familles; celles-ci ont formé les hameaux, les villages, les bourgs, les villes et la Capitale comme couronnement de l'œuvre. Les conquérants eux-mêmes ont pu ravir, étouffer les libertés politiques, mais ils laissaient germer, grandir, prospérer les franchises municipales; elles étaient la consolation des opprimés et l'espérance d'une régénération. Voyez les Romains, une fois maîtres absolus des Gaules, non-seulement ils respectent l'organisation municipale du peuple vaincu, mais ils la fortifient encore par des priviléges acccordés aux principales cités.

Ces priviléges deviennent les points de départ de leur prospérité. Pour s'assurer du fonctionnement régulier de l'institution municipale dans les Gaules, ils en confient les moteurs aux grandes familles romaines.

Ainsi, un chevalier romain, *Sentius Regulianus*, devient patron des Nautes de la Seine; le patron des Nautes de la Durance, *Fronto*, était naviculaire.

Lorsque la grandeur romaine s'évanouit, tout ne périt pas avec elle. Rome avait greffé le génie de son administration sur des branches plus jeunes, Rome avait cessé d'être la ville des Césars; depuis longtemps on l'avait étouffée, elle était anéantie, morte, poussière, que ses institutions gouvernaient encore le monde.

Parmi ces institutions, la plus belle de toutes, la plus féconde était, sans contredit, l'institution municipale.

Notre pays conquis par les Francs, il n'y eut rien de changé; cette fois, le vainqueur subit la civilisation du vaincu.

Paris ne dut pas sa prééminence à sa situation, d'ailleurs excellente, mais bien à son organisation municipale.

La royauté était encore, à la fin du douzième siècle, errante de ville en ville, et son pouvoir toujours contesté par les grands vassaux, dont les plus puissants se révoltaient impunément.

Un jour, les magistrats parisiens allèrent trouver le roi Philippe-Auguste, et lui dirent :

« Si vous faites de Paris votre demeure habituelle, si vous choisissez cette ville pour Capitale, votre couronne est ferme et solide sur votre tête. Vous faut-il de l'or ? en voici ; du fer ? en voilà ; notre vie ? nous sommes prêts. » L'accord entre le souverain et les édiles de Paris fut conclu.

De chaque côté, on se tint noblement parole. Philippe-Auguste, le premier roi parisien, augmenta les priviléges de sa Capitale, et dans toutes les chartes de nos rois fut faite la mention suivante, qui est une reconnaissance des droits de nos ancêtres : *Consuetudines autem eorum tales sunt* AB ANTIQUO.

A Bouvines, un corps de deux mille Parisiens contribua puissamment à la victoire, mais dix sept cent cinquante d'entre eux restèrent sur le champ de bataille.

Voici en quels termes Philippe-Auguste prononça l'oraison funèbre de ces braves enfants de Paris : « Ils n'étaient pas plus hauts qu'une épée de chevalier, mais devant l'ennemi je les ai pris pour des géants ! »

Les habitants de Paris se cotisèrent pour l'établissement d'un nouveau rempart, destiné à protéger cette ville qui avait mission de sauvegarder son roi.

Lorsque le maître ès œuvres de la ville, Pierre Brulait, vint annoncer au roi, le 11 octobre 1213, que le rempart enveloppait complétement Paris, Philippe-Auguste se leva, embrassa l'architecte, et mettant la main sur le pommeau de son épée : « Mes amis, dit-il aux grands officiers qui l'entouraient, maintenant il y a un Roi et une France. »

Philippe-Auguste avait raison. L'enceinte renfermait une superficie de 2,528,633 mètres, contenant une population de 185,000 âmes.

Paris était déjà pour la royauté une assise de granit, la plus solide base d'opérations en cas de guerre. Cette formidable position fut cause, en partie, que le Souverain réunit à la couronne, par la confiscation féodale et l'épée à la main, la Normandie, le Maine, l'Anjou, la Touraine et le Poitou; que Philippe-Auguste put acheter les comtés d'Auvergne et d'Artois et se faire restituer la Picardie.

Les habitants des provinces et des autres villes jalousèrent Paris pour s'être fait Capitale; mais le Roi, le glaive à la main et la pointe partout où se dressait la rébellion, leur dit : *Taisez-vous, ingrats, Paris a fait une France.*

Vous allez voir, messieurs, qu'il est utile de remuer avec précaution la poussière des siècles éteints, et qu'on y trouve parfois des parcelles d'or dont le présent doit profiter. Cependant je ne voudrais pas abuser de votre bienveillance à m'écouter...

LE DUC. Vous n'abusez pas ; vous nous éclairez.

LE PÈRE ARSÈNE. Vous étendez les filets qui vont enlacer votre adversaire.

L'ÉCRIVAIN. Je ne cherche pas à l'emprisonner, j'aspire à le convaincre.

FULGENCE. Faites que votre argumentation soit

comme un glaive solidement trempé. Si vous m'enveloppez d'un filet comme le dit le père Arsène, prenez garde! une maille peut se détacher et me livrer passage. Alors le captif ailé ne serait plus à plaindre, mais l'oiseleur qui lui aurait laissé les mouvements faciles avec la liberté.

L'ÉCRIVAIN. Tous nos souverains ont compris que les franchises municipales accordées à la ville de Paris sauvegardaient la royauté ; aussi la Capitale jouissait-elle de libertés plus étendues, plus complètes que les autres cités.

LE PÈRE ARSÈNE. C'est le contraire qui a lieu maintenant.

FULGENCE. Le danger n'existait pas autrefois comme il se dresse menaçant aujourd'hui.

L'ÉCRIVAIN. Comment l'entendez-vous ?

FULGENCE. Je veux dire que la pression que pouvait exercer la ville de Paris sur la France entière n'était pas aussi forte autrefois que de nos jours.

L'ÉCRIVAIN. Cette assertion est contredite par l'histoire. En voici plusieurs preuves : Après la *Journée des Maillotins*, que fit Charles VI? Ce roi suspendit l'exercice des libertés municipales dans Paris, et cela par lettres patentes en forme d'édit, à la date du 27 janvier 1382. Mais le Souverain déclara-t-il, comme le Préfet actuel s'est permis de l'écrire : « Que l'indépendance du Corps municipal de Paris était la création d'un État dans l'État, et que la Capitale, conséquemment, devait être dépossédée à tout jamais du droit séculaire d'élire ses magistrats ; Charles VI a-t-il déclaré cela ?

Pas le moins du monde. Le danger passé, le calme rétabli, les vieilles franchises municipales étendues, rajeunies, sont rendues aux Parisiens par le roi Charles VI, et cette restitution d'un droit acquis est proclamée par lettres patentes du 27 janvier 1411.

Maintenant, le Paris de Charles VI exerçait-il sur la France d'alors une influence égale ou inférieure à celle que vous attribuez au Paris de nos jours ? Le péril était plus menaçant en 1412, et voici pourquoi : nos rois conféraient d'ordinaire le gouvernement de certaines provinces à des princes du sang qui se créaient de petites souverainetés, souvent hostiles à la grande, que les sires des fleurs de lis, comme on les appelait, battaient en brèche.

Ainsi, les ducs d'Orléans et de Bourgogne, les deux oncles du roi, se disputèrent la ville de Paris. L'on entendait crier dans nos carrefours, d'un côté : Vive d'Orléans ! de l'autre : Vive Bourgogne ! jamais : Vive France !

Henri IV, maître des trois quarts du territoire, ne se considérait cependant que comme roi de Navarre. Le jour qu'il entrait au Louvre, il osa dire : « Maintenant, je suis roi de France. » Vous voyez donc bien de quel poids la ville de Paris a pesé sur les destinées de la France.

LE PÈRE ARSÈNE. Ces faits sont irréfutables.

L'ÉCRIVAIN. Nos Rois ne s'étaient donc pas dissimulé la gravité de ces libertés municipales, mais ils avaient compris également que si elles étaient étouffées, mortes, le danger devenait imminent pour la monarchie. En effet, il faut au peuple parisien un aliment à son intelligence, à son activité. Les abeilles bourdonnent, sans doute, mais les abeilles donnent le miel. Les Parisiens ne sont jamais insouciants des beautés de Paris; ils aiment, au contraire, ils exaltent leur ville natale bien plus poétiquement que les provinciaux n'affectionnent leur pays. Cela se comprend : la ville de Paris est une belle maîtresse à laquelle on découvre à chaque instant un charme nouveau, un attrait toujours plus piquant. Nos cités provinciales et secondaires, n'offrant aucun des contrastes heureux des plaisirs variés qui perpétuent la passion que Paris excite, livrent en un seul baiser leurs beautés froides et vulgaires ; ce qui fait qu'en les possédant si vite et si complétement, il ne reste bientôt plus rien à apprendre, plus rien à désirer.

LE PÈRE ARSÈNE. Vouloir que le peuple parisien, si impressionnable, plein de goût, éminemment artiste, soit exclu de l'administration de sa ville bien-aimée, c'est une dérogation à un droit douze fois séculaire, c'est un crime au point de vue de l'art.

L'ÉCRIVAIN. En l'isolant ainsi, en lui confisquant la défense de ses intérêts, le rayonnement de son intelligence, il se venge et vous punit à sa manière.

FULGENCE. Comment cela?

L'ÉCRIVAIN. Par la désaffection. Toutes les libertés, comprenez-le bien, ont leurs excès d'application, le journal comme la tribune. Est-ce à dire pour cela qu'on doive bâillonner la presse et supprimer le droit de contrôle?

Mais toutes les discussions, même passionnées, fiévreuses, irritantes, sont loin d'être stériles; elles produisent des frottements électriques d'où jaillit l'éclair. Tout gouvernement qui n'est pas discuté, parce qu'il impose le silence, est un gouvernement perdu; sa chute est une question de temps, voilà tout. Ce mouvement, ce bruit, ces luttes, mais c'est la vie d'une nation qui progresse; l'adhésion quand même, le silence toujours, c'est un peuple qui languit et se meurt. Dans notre pays, aujourd'hui, la liberté qui dégénère parfois en licence est moins dangereuse que la restriction qui mène au despotisme. La pensée, comme la vapeur trop comprimée, éclate et brise tout ce qui la gêne.

LE PÈRE ARSÈNE. Dire à plus d'un million de Parisiens qui constituent dans les lettres, dans les sciences, dans les arts, la véritable grandeur de la France : « Vous serez à tout jamais dans Paris étrangers à la défense de vos intérêts de fortune et de famille; on vous refusera toute espèce d'initiative en fait de beaux-arts; on dépensera d'un côté cent millions pour les abords de l'Opéra, qu'on vous mettra dans une boîte comme un colis; de l'autre, on verra de pauvres femmes d'ouvriers, de bonnes ménagères disputer à la fange de nos rues l'eau qui s'échappe clandestinement des bouches sous-trottoirs. Par ici, la profusion scandaleuse, par là, une lésinerie homicide. Tout cela se fera sans vous contre l'équité, contre le bon sens, et l'on vous dira : Payez!

L'ÉCRIVAIN. Cette situation n'est pas seulement insultante pour les enfants de Paris, elle blesse encore tous ceux, riches ou pauvres, qui demeurent dans cette ville à laquelle on fait un prétexte d'abaissement, un crime de son titre de Capitale. Vous parliez tout à l'heure, père Arsène, d'illustrations. Eh bien! il n'est pas une seule de nos illustrations françaises qui n'ait recours à Paris, qui seul a droit de consécration.

LE PÈRE ARSÈNE. Que sont, en effet, nos illustrations provinciales dans Paris? Diamants bruts, Paris c'est le lapidaire qui les taille artistement pour les faire étinceler. Paris, ce n'est pas toute la France, sans doute...

L'ÉCRIVAIN. C'est mieux encore, c'est la civilisation de l'Europe dans son rayonnement le plus vif et le plus pur.

LE PÈRE ARSÈNE. On a beau chercher à nous aplatir, nous autres Parisiens, nous sommes supérieurs à ceux qui nous méconnaissent et nous insultent.

L'ÉCRIVAIN. Nos jalons sont posés maintenant. Admettons un seul instant comme nécessaire la suppression momentanée de nos franchises municipales. Alors Paris n'est plus administré mais gouverné. Pour atténuer cette répulsion instinctive que produira certainement cette dictature municipale essentiellement temporaire pour être excusable, il faut chercher avec soin les moyens d'en dissimuler les aspérités. Vous voulez une main de fer pour gouverner Paris, soit; mettez au moins cette main de fer dans un gant de velours. Faites que l'autocrate municipal que vous allez choisir ait une nature conciliante, des formes douces et polies.

MAITRE PATRICE. M. le baron Haussmann est, au

physique comme au moral, la contradiction et la répulsion du Parisien.

LE PÈRE ARSÈNE. Nature germanique et musulmane, mélangée et sans sel, il est en opposition flagrante avec ses administrés. Le dictateur de Paris a du Luther comme démolisseur, et de l'Ali-Pacha comme despote.

L'ÉCRIVAIN. Ses illustres prédécesseurs, les Prévôts des marchands, tous magistrats élus en récompense de leur savoir et de leur prud'homie, traitaient les Parisiens avec convenance, avec respect, en gentilshommes, en Rois; le baron Haussmann, lui, du haut de sa grandeur, les regarde comme des ilotes et les mène comme des rajahs; il leur enverrait le cordon par ses huissiers, s'il l'osait.

LE PÈRE ARSÈNE. Chêne orgueilleux en présence des petits, il est roseau devant les grands et saule pleureur devant le Souverain. A l'inauguration du boulevard de Strasbourg, il fléchit le genou, courba le front et baisa la main impériale; le lendemain il avait un crachat, et le méritait bien.

L'ÉCRIVAIN. Ce Sixte-Quint de l'expropriation est le Polignac de l'Empire, moins la distinction.

MAITRE PATRICE. Nous frappons là, messieurs, une médaille administrative...

FULGENCE. Dont je vous montrerai le revers tout à l'heure, si vous daignez m'écouter.

L'ÉCRIVAIN. Le Souverain lui a dit : Faites un Paris où le pauvre ait de l'air comme le riche ; il a fait un Paris où l'aisance d'autrefois est la gêne d'aujourd'hui ; où l'ouvrier ne peut ni se loger, ni se vêtir, ni se nourrir convenablement. A cette monstruosité, il a dépensé deux milliards et fait à l'Empire quinze cent mille adversaires dans Paris, voilà son bilan. Il en est fier et dit : On me méconnaît aujourd'hui, on m'adorera demain. Je suis pygmée maintenant, je serai géant bientôt.

FULGENCE. Je vous répondrai tout à l'heure.

L'ÉCRIVAIN. Vous êtes, monsieur le duc, un des représentants les plus illustres de l'ancienne noblesse de France. Voyons, le baron Haussmann vous est-il sympathique ?

LE DUC. Son aïeul, Nicolas le conventionnel, a voté par lettre et fraternellement, avec Rewbel et Merlin de Thionville, la hache du bourreau qui trancha la tête du roi Louis XVI. Ce nom l'Haussmann pour nous est douloureux à prononcer.

FULGENCE. Le baron Haussmann prétend que son aïeul a désavoué cette participation.....

L'ÉCRIVAIN. Plaisant désaveu, ma foi ! Si le Conventionnel avait protesté sous la République, cette protestation eût été digne et sincère, parce qu'elle pouvait présenter un danger ; mais sous la Restauration, alors qu'on lui prêtait serment, ce désaveu devenait trop lucratif pour être honnête.

MAITRE PATRICE. Cette prétendue réhabilitation d'un conventionnel par un baron du second Empire et petit-fils d'un régicide, est encore plus maladroite. J'eusse gardé le silence. Notre sol n'a-t-il pas été d'ailleurs trop profondément labouré par les révolutions pour qu'on puisse peser sûrement aujourd'hui tout ce qui était crime ou devoir à cette terrible époque ?

LE DUC. Loin de moi la pensée de chercher à punir le Préfet de la Seine d'une faute commise par son aïeul ; seulement, je voulais dire qu'il fallait que le premier magistrat d'une ville comme Paris fût agréable à toute la population, et que pour cela le représentant de la capitale ne devait avoir ni passé à faire oublier, ni présent à craindre, ni avenir à redouter.

L'ÉCRIVAIN. Ainsi M. le baron Haussmann est loin d'être aimé par le faubourg aristocratique par excellence; voyons maintenant s'il est plus sympathique aux faubourgs populaires. Maître Patrice, à force de travail et d'honnêteté, en montant échelon par échelon, vous êtes parvenu à l'indépendance et à la fortune. Comme vous vous trouvez en contact quotidien avec nos classes laborieuses, dites-nous ce qu'elles pensent du préfet actuel.

MAITRE PATRICE. Le baron Haussmann leur est profondément antipathique.

L'ÉCRIVAIN. Pourquoi?

MAITRE PATRICE. La nature du Préfet, nature qui répugne à toutes les libertés, son langage fiévreux, cassant jusqu'à l'insolence, a fait encore plus d'ennemis au magistrat et à l'autorité que son administration injustement distributive. Ses harangues furibondes à la commission municipale, son discours au Sénat au sujet de la fontaine de

Médicis et de la première mutilation du Jardin du Luxembourg, son intervention maladroite, dans les avant-dernières élections, expliquent, en la justifiant, l'antipathie des Parisiens. Tenez, voulez-vous un échantillon de son intempérance de langage? J'ai retenu ces quelques phrases de son discours prononcé dans la séance d'installation du 28 novembre 1864.

« Messieurs, je vous ai convoqués pour vous mettre en possession du mandat que le décret impérial du 15 de ce mois vous a conféré. Il appartient à l'Empereur, en effet, de nommer le Conseil municipal de Paris.

» Ce n'est pas un état de choses *provisoire*, c'est l'exécution régulière d'une loi organique, rendue dans des circonstances qui en accroissent la force et en assurent la durée... Or elle dispose, article IV, que dans les villes de Paris et de Lyon, le Conseil municipal est nommé par l'Empereur, tous les cinq ans, et présidé par un de ses membres, également désigné par l'Empereur...

» L'organisation municipale de Paris ne peut être établie sur l'élection et le suffrage universel, comme celle des autres Communes de l'Empire...

» Au milieu de cet Océan, aux flots toujours agités, il y a une minorité, considérable, sans doute, de véritables Parisiens, qui formeraient, si l'on pouvait les discerner et les saisir, l'élément constitutif d'une Commune ; mais isolés les uns des autres, changeant avec une extrême facilité de logements et de quartiers, ayant leurs familles dispersées sur tous les points de Paris, ils ne s'attachent à la Mairie d'aucun arrondissement déterminé, au clocher d'aucune paroisse particulière. Quel moyen auraient-ils, d'ailleurs, de se reconnaître et de s'entendre sur les vrais intérêts communaux?

» Et alors même que les Parisiens proprement dits seraient, *par quelque privilège renouvelé des temps du moyen âge*, mis en mesure de se retrouver dans la ville, de se grouper pour choisir des mandataires chargés de leurs intérêts communaux, sauraient-ils toujours se tenir en dehors du vaste courant qui entraîne *fatalement* ici le suffrage universel vers le côté politique des questions? — Non, certes. »

Eh bien ! Messieurs, que pensez-vous de cette interprétation d'une dictature municipale par l'organe du préfet de la Seine ?

LE PÈRE ARSÈNE. Selon moi, il n'est pas de maladresse plus insigne, d'intempérance de langage plus compromettante pour un magistrat. Quelle nécessité de soulever le flot dont le cristal était alors parfaitement uni? De quel droit se substituer au souverain pour s'ériger en régulateur des destinées de l'Empire? Mais c'est d'une outrecuidance germanique des plus fâcheuses pour l'autorité.

FULGENCE. J'avoue franchement cette vérité ; le silence eût été plus profitable au Magistrat.

L'ÉCRIVAIN. Ce n'est pas le seul aveu auquel nous saurons vous contraindre.

FULGENCE. C'est ce que nous verrons.

L'ÉCRIVAIN. Comment, voici un Magistrat qui exerce une espèce de souveraineté qu'il sait être en contradiction flagrante avec l'opinion d'une partie de ses administrés; au lieu de se borner à l'amélioration de la ville de Paris dans le sens de la majorité de ses habitants, il s'en va, de gaieté de cœur, discuter la Constitution au point de vue municipal. Ce n'est pas tout : pour accorder au présent une justification qu'on ne lui demande pas, il établit une de ces comparaisons malheureuses entre l'administration d'autrefois et celle d'aujourd'hui, en rappelant pour les méconnaître et les outrager nos anciennes franchises municipales. Mais si le Préfet de la Seine, au lieu de dépenser cent mille francs par an à des compilations qu'il qualifie improprement d'historiques, avait fait étudier l'ancienne organisation municipale de Paris, il eût trouvé, dans le passé municipal qu'il ignore, de précieux enseignements.

LE PÈRE ARSÈNE. Il a dû certainement en trouver, mais leur révélation eût été l'aplatissement du mode actuel. Dire que sous Louis XI, sous ce roi qui punissait de mort tout regard de convoitise qui s'égarait sur sa couronne, nos ancêtres, les enfants de Paris, jouissaient de franchises municipales qui nous sont contestées aujourd'hui!

L'ÉCRIVAIN. Bien en prit au roi Louis XI, après la bataille de Montlhéry, de ne s'être pas montré hostile aux Parisiens; ce sont eux qui sauvegardèrent sa couronne.

LE DUC. Je serais bien aise, pour ma part et

pour l'édification de l'absolutisme municipal de maître Fulgence, de connaître exactement le mécanisme de l'édilité parisienne sous l'ancienne monarchie.

L'ÉCRIVAIN. Je suis à vos ordres, messieurs ; je vais vous rappeler exactement l'organisation du Corps municipal de Paris au commencement du dix-septième siècle, organisation qui remontait à l'origine de la monarchie et qui dura jusqu'en 1789.

Le Prévôt des marchands, les Échevins conseillers, les Quartiniers, Cinquanteniers et Dizainiers étaient *tous élus* pour deux ans.

Ils pouvaient continuer leurs fonctions trois fois de suite, si les suffrages se portaient de nouveau sur eux. *Ils devaient être nés à Paris,* bourgeois de cette ville. Le père et le fils, les deux frères, l'oncle et le neveu, les deux cousins germains ne pouvaient être élus ensemble et siéger en même temps dans le parloir aux bourgeois.

L'élection était fixée d'ordinaire au lendemain de la Notre-Dame d'août. Quelques jours avant, le Prévôt des marchands et les Échevins enjoignaient aux Quartiniers de réunir les Cinquanteniers et Dizainiers sous leurs ordres, avec six bourgeois notables du quartier. Ces électeurs désignaient parmi eux quatre personnes au bulletin secret; les noms de ces quatre élus étaient remis par chaque Quartinier au Prévôt des marchands. Le premier Magistrat choisissait, avec l'aide des Échevins et des vingt-quatre Conseillers, deux de ces élus; puis, le Prévôt des marchands, les Echevins, les Conseillers de Ville, les Quartiniers et les bourgeois élus formant une assemblée composée de soixante-dix-sept membres ayant des droits égaux, procédaient à la nomination du nouveau Magistrat. L'élection était faite au bulletin secret, que recevaient quatre scrutateurs. Tel était l'usage suivi pour la nomination du Prévôt des marchands, qui avait titre de premier Magistrat de la ville de Paris.

Il y avait bien au-dessus du Prévôt des marchands un Gouverneur de Paris; mais cette dignité, conférée aux plus beaux noms de France, aux Montmorency, au duc d'Aumont, au duc de Gesvres, était politique et militaire plutôt qu'une fonction municipale. Le Gouverneur de Paris répondait de la personne du Roi pendant le séjour du Souverain dans la capitale. Lors des cérémonies publiques, il avait le pas sur le Prévôt, et se tenait d'ordinaire à la droite du Roi. Mais à l'Hôtel de Ville, le Prévôt des marchands, dont l'élection avait été confirmée par le Souverain, était le premier Magistrat ; à ce titre, il occupait le fauteuil du milieu au-dessous du trône.

Les Echevins étaient au nombre de quatre. La condition d'être nés à Paris, celle aussi de n'avoir aucun parent dans le Conseil de Ville, leur étaient rigoureusement imposées, comme au Prévôt des marchands. Le rôle des Echevins était de venir en aide au Prévôt des marchands, de l'assister en toute occasion. Chacun d'eux était chargé d'une branche importante de l'administration : le premier, par exemple, dirigeait les finances; le second était chargé d'ordinaire de l'approvisionnement de la ville; le troisième avait la direction des travaux de la grande voirie et de la conservation des monuments publics, même de ceux qui appartenaient à l'État ; le quatrième, enfin, s'occupait du personnel et de la correspondance.

Pour contrôler les actes du Prévôt des marchands et des quatre Échevins, vingt-quatre Conseillers étaient élus. Leurs fonctions étaient rétribuées comme toutes les fonctions municipales. Aucune dépense ne pouvait être faite par le Prévôt sans une approbation préalable des Conseillers de Ville. Toute proposition rejetée par le Conseil ne pouvait être formulée de nouveau pendant l'année par le Prévôt des marchands.

Défense au Prévôt des marchands de quitter Paris sans autorisation du Roi. Défense aux Echevins de s'absenter de la ville sans permission du Prévôt.

Après les Conseillers venaient les Quartiniers, dont le nombre suivit la progression des quartiers de la ville. Ainsi, en 1588, sous Henri III, Paris comptait seize quartiers et seize Quartiniers. Une déclaration du Roi, en date du 12 décembre 1702, ordonna que Paris serait divisé en vingt quartiers; le nombre des Quartiniers s'augmenta d'autant.

Ils étaient soumis à la direction du Prévôt des marchands. Leurs attributions consistaient principalement à veiller au repos de la ville, ainsi qu'a la défense des remparts et des portes.

Quand les ennemis menaçaient ou assiégeaient Paris, les clefs des portes étaient remises après le couvre-feu aux Quartiniers, qui les donnaient chaque matin aux Cinquanteniers et Dizainiers sous leurs ordres. Les Quartiniers assistaient aux assemblées municipales et aux cérémonies publiques où leur place était marquée. Ils étaient élus par les Cinquanteniers et Dizainiers.

Les *Cinquanteniers* commandaient à cinquante hommes de milice bourgeoise, et les Dizainiers à dix hommes. En 1770, le nombre des Cinquanteniers était porté à quatre, celui des Dizainiers à seize, dans chaque partie de la ville. Ils étaient tenus d'exécuter en personne les ordres que leur transmettaient directement le Prévôt et leur Quartinier respectif. Ils devaient tenir une liste de tous ceux qui habitaient les maisons situées dans leur circonscription. Ils avaient également la conservation des chaînes de fer qui barraient les rues en cas d'attaque. Ils étaient chargés, en outre, du soin de tenir toujours au complet le contingent de la milice bourgeoise ; et lors des incendies, ils mettaient en réquisition les habitants et leur distribuaient les instruments de sauvetage qui se trouvaient déposés chez le Quartinier.

Dans la hiérarchie municipale, si les Cinquanteniers n'occupaient pas le premier rang, leurs fonctions étaient néanmoins ambitionnées par les commerçants et les industriels les plus riches et les plus estimés.

Les Cinquanteniers ainsi que les Dizainiers étaient élus par les bourgeois. Ne pouvaient prendre part à l'élection que les Parisiens *ayant droit de bourgeoisie depuis trois années.*

Telle était, sous la Prévôté des marchands, la composition du Corps municipal de Paris.

Cette organisation a été pour moi le sujet de longues et patientes études; je vais en faire ressortir les nombreux avantages. Pour les apprécier sûrement, il ne faut pas oublier que nos ancêtres se trouvaient en pleine monarchie, et qu'il n'y avait alors de véritables libertés que ces franchises municipales, dont les trois quarts des Parisiens de nos jours ignorent même jusqu'à l'existence.

C'était, selon moi, une merveilleuse combinaison que celle qui avait pour but, à cette époque, d'associer toutes les intelligences, tous les dévouements à l'administration de la ville de Paris, sans contrarier le moindrement l'action prompte et décisive du premier Magistrat de cette ville. Chaque classe composant la grande famille parisienne avait son influence, chaque talent son emploi, chaque vertu son droit d'expansion.

La noblesse, c'était l'élévation dans les idées, la distinction et l'élégance des manières. L'élévation dans les idées faisait qu'on bâtissait des monuments conservant le premier regard dans l'admiration du monde! La distinction et l'élégance des manières captivaient l'étranger et flattaient le Parisien, qui entend qu'on le traite en gentilhomme.

La magistrature, c'était la science, le travail; en un mot, l'âme de l'administration.

La bourgeoisie, c'était l'ordre, la régularité, l'économie dans les finances, qui sont les muscles d'une grande administration; et comme la bourgeoisie se recrutait incessamment dans la classe ouvrière, pour s'approprier ce que cette dernière avait de plus intelligent, de plus laborieux, la bourgeoisie était en même temps la jeunesse, la séve, la vie enfin.

Le grand talent, la suprême qualité des législateurs, est d'utiliser au profit des institutions, dans l'intérêt de l'Autorité souveraine, le plus grand nombre possible d'intelligences honnêtes, dévouées et loyales, afin de rehausser chaque profession, de telle façon qu'un homme soit engagé d'honneur à lui consacrer tout son temps, toute sa science, sa vie enfin. Cette sobriété fit du devoir une seconde religion, qui constitue, après celle qui s'élève jusqu'à Dieu, l'assise la plus solide des gouvernements.

Selon moi, cette qualité suprême qui dominait dans l'institution de la Prévôté, explique clairement la durée douze fois séculaire et sans altération fâcheuse de l'ancienne édilité parisienne.

Le mode d'élection à plusieurs degrés était réfléchi, sérieux, concluant; il épargnait le repentir, il évitait le regret.

Il faisait monter lentement, échelon par échelon, par le travail, le mérite et surtout l'honnêteté. L'ouvrier laborieux conquérait le droit de bourgeoisie, nommait le Dizainier et le devenait avec le temps.

C'était l'estime, l'affection de tout un quartier qui conférait cette dignité municipale. De Dizainier il devenait Quartinier, puis Conseiller. Parvenu à cette magistrature, il exerçait un contrôle sérieux sur les actes du Prévôt, il devenait juge. Le premier Magistrat lui-même était constamment le produit d'une élection basée sur des antécédents toujours irréprochables et fournissant les preuves de droiture, de talent et d'érudition. — Cette élection à plusieurs degrés, enfin, faisait *que le Prévôt qu'on nommait, se trouvait le plus digne des mieux méritants !*

Pesons les garanties que donnait d'ordinaire à l'institution le Prévôt des marchands. D'abord, qu'était-il? D'où venait-il? Le Prévôt devait être Parisien ; puis, il avait été soit Échevin, soit Conseiller de ville, ou bien encore Conseiller au Parlement, Président aux Enquêtes, Conseiller du Roi ; enfin il avait étudié, il avait appris, il savait.

Nommé à cette suprême magistrature, le Prévôt l'avait donc méritée, conquise. Il était exempt de ces éblouissements qui font trébucher d'ordinaire les ignorants toujours orgueilleux. Le Parisien pouvait parvenir à toutes les dignités municipales, sans qu'il y eût dans l'ancienne édilité un seul parvenu.

LE PÈRE ARSÈNE. Ces franchises municipales qui prospérèrent pendant plus de douze siècles étaient très-étendues, très-libérales par rapport au gouvernement monarchique et absolu, alors que les libertés politiques ne germaient pas encore.

La royauté faisait acte de prudence et de sagesse en laissant à l'intelligence parisienne toutes ses facilités d'expansion. Supprimer toutes ces franchises municipales, les déclarer impossibles de nos jours, c'est faire naître un rapprochement fâcheux, une comparaison en faveur du passé au préjudice du présent, c'est forcer les Parisiens à concentrer toute leur activité, toutes leurs passions sur la politique en provoquant des discussions incessantes et fiévreuses.

FULGENCE. Mais enfin ces libertés municipales d'autrefois ne profitaient réellement qu'à la bourgeoisie, et vous ne voudriez pas en faire maintenant le profit d'une seule classe.

LE PÈRE ARSÈNE. De ce que nos franchises municipales n'étaient pas complètes sous la monarchie, a-t-on raison de les confisquer sous l'Empire?

L'ÉCRIVAIN. Opposons froidement le présent au passé. Je le répète : Au lendemain d'une révolution, on comprend la suspension, dans Paris, de ses libertés municipales. Le plus grand intérêt d'un gouvernement, c'est de pourvoir à sa conservation ; mais transformer cette suspension de nos anciennes franchises en une confiscation permanente de toutes nos libertés municipales, et déclarer, par l'organe du Préfet, cette confiscation non-seulement nécessaire au présent, mais indispensable encore dans l'avenir, c'est froisser impunément le sentiment parisien et le mettre en opposition avec l'autorité.

On a vu de quelle manière Paris était administré par le Prévôt des marchands sous l'ancienne monarchie; nous dirons tout à l'heure comment il est gouverné par un Préfet, sous le second Empire.

Mais, avant, il est utile de rappeler ce qui s'est passé à la fin de l'année 1848. Le 19 décembre, le gouvernement était résolu de remplacer M. Recurt, alors premier Magistrat de la ville de Paris. Deux candidats étaient en présence avec les sympathies du Pouvoir : l'un était M. Boulay de la Meurthe, l'autre M. Berger. Le premier avait sur le second un immense avantage : ancien membre du Conseil municipal *élu*, M. Boulay de la Meurthe était au courant de l'administration de la ville de Paris, il avait étudié, il savait. Le second fut préféré. Quels étaient les antécédents de M. Berger? Il avait été maire du 2e arrondissement, il s'était montré l'adversaire acharné du gouvernement tombé et du préfet déchu; on l'appelait avec raison *le Maire des Barricades*. Ce que les gouvernements ne veulent jamais reconnaître et ce qui leur est toujours funeste, c'est le tort de payer un dévouement politique quelconque avec une monnaie municipale. Tous ceux qui regrettaient l'ancien état de choses, tous ceux qui se souvenaient de l'élégance, de l'aménité et de la courtoisie du comte de Rambuteau, devaient être hostiles au nouveau Préfet.

Bien que gentilhomme par excellence, le comte de Rambuteau était intelligemment et spirituellement populaire. Voici un fait à l'appui de mes paroles : le 24 février 1848, l'insurrection, comme le flot qui déborde, envahissait l'Hôtel de Ville, — comme toujours elle brisait les œuvres de nos artistes ; un seul tableau, dans ce palais, fut respecté, — le portrait du premier Magistrat de la ville de Paris. Le lendemain, M. de Rambuteau fut reconnu. Un des combattants sortit d'un groupe d'ouvriers ; l'artisan se découvrit et marcha droit au comte.

« Ne craignez rien, monsieur le Préfet, vous êtes en sûreté ; nous ne sommes pas ingrats. » Puis ces ouvriers, tête nue, trinquèrent avec le comte, en portant ce toast : « A la santé de M. de Rambuteau !

— A la prospérité de la Ville, répliqua le Magistrat. Au bonheur des enfants de Paris !... »

La nomination de M. Berger contrastait donc de la façon la plus fâcheuse avec le souvenir du comte de Rambuteau. Les allures de M. Berger, ancien avoué, étaient celles d'un tabellion, doublé d'un Gautier Garguille.

Le comte de Rambuteau avait représenté avec noblesse la ville de Paris ; M. Berger parodiait d'une façon vulgaire la cité la plus élégante et la plus spirituelle de l'Europe. Le gouvernement le comprit, mais trop tard.

M. Haussmann succéda le 22 juin 1853 à M. Berger. Ainsi, le préfet de la Seine est aujourd'hui un agent, une émanation du pouvoir; autrefois le Prévôt des marchands était l'expression de la Cité. Comme je suis essentiellement conservateur, je préfère, en ce qui concerne le premier Magistrat de la ville de Paris, la nomination par le Pouvoir à son élection par les Parisiens, cette élection fût-elle à *plusieurs degrés*. La raison? Partout où l'autorité veut étendre son bras, il est nécessaire, il faut qu'elle sente sous sa main battre le cœur du pays. Ce principe reconnu par vous, je continue : Le Préfet nommé, l'administrateur fonctionne. Qui contrôlera ses actes, qui surveillera sa gestion? Un Conseil municipal, ou bien une simple commission; si c'est un Conseil municipal, il faut qu'il soit *élu;* si vous vous contentez d'une simple commission, nommez-la. Voyons comment on procède à notre époque. Le Préfet de la Seine, de concert avec le Secrétaire général, dresse la liste des membres d'une Commission appelée à contrôler les actes de son administration. Cette liste, à deux ou trois exceptions près, est adoptée par le Pouvoir.

FULGENCE. Pourquoi cela?

L'ÉCRIVAIN. Parce qu'il est trop haut placé pour être en état de peser la valeur de chacun d'eux.

LE PÈRE ARSÈNE. Ainsi le Préfet est l'expression d'une volonté souveraine; il est chargé de l'application d'un système administratif bon ou mauvais, et c'est le Magistrat lui-même qui dresse la liste des Conseillers appelés à surveiller sa gestion.

MAITRE PATRICE. Quelle monstruosité!

LE PÈRE ARSÈNE. Mais leur acceptation est en quelque sorte le consentement tacite d'une approbation quand même, en ce qui concerne l'application de ce système administratif.

FULGENCE. Voulez-vous dire par là qu'une Commission municipale, *émanant* du Pouvoir, n'est pas aussi consciencieuse qu'un Conseil municipal *élu* par les habitants d'une ville?

MAITRE PATRICE. Je veux dire qu'elle n'a pas

la même indépendance, la même valeur de contrôle.

FULGENCE. Est-ce l'élection de ses membres qui constitue la supériorité d'un Conseil municipal sur une Commission?

L'ÉCRIVAIN. C'est la différence d'origine qui garantit la sincérité du contrôle.

LE PÈRE ARSÈNE. Le Préfet et la Commission municipale sont frère et sœur d'un même père. C'est une famille qui doit être parfaitement d'accord.

FULGENCE. Parfois au détriment des administrés.

L'ÉCRIVAIN. Entrons plus profondément dans la question. Dans la nomination des membres appelés, je ne dirai pas à contrôler ses actes, mais à concourir à sa gestion, le Préfet a deux intérêts personnels à satisfaire : mettre sa responsabilité à l'abri et n'être pas discuté. Pour se garantir dans le présent et se sauvegarder dans l'avenir, que lui faut-il? Créer une Commission municipale réunissant dans son sein les hommes les plus honorables et les plus dignes dans toutes les professions, mais en ayant soin surtout que leur valeur administrative soit insignifiante, autant que possible.

FULGENCE. Merci du dernier compliment.

L'ÉCRIVAIN. Bien que la ville de Paris ait pour emblème un vaisseau avec cette inscription à la poupe : *Fluctuat nec mergitur*, ce vaisseau peut sombrer, et si le pilote doit succomber, c'est avec tout l'équipage. Le pilote c'est le Préfet, l'équipage c'est la Commission. Supposons un Préfet inquiété pour ses actes, cette défense bien simple sera toujours victorieuse : « Ce que vous incriminez a été sanctionné par la Commission municipale. » Et tout sera dit.

FULGENCE. Bien que désigné par le Préfet, croyez-vous qu'il m'ait mis un boulet au pied et que je traîne la chaîne? Allons donc! Je discute ses actes avec d'autant plus d'indépendance que je lui dois de reconnaissance. Si je les approuve, c'est que ma conscience me dit : Ils sont utiles et profitables au Pouvoir comme à la Ville de Paris.

L'ÉCRIVAIN. Oui, bien certainement, vous pouvez discuter son administration préfectorale, mais c'est dans ses détails seulement. Vous avez la liberté de dire : Cette rue devrait avoir plus ou moins de largeur, ce marché serait mieux placé là qu'ailleurs; mais il vous est défendu d'attaquer son système administratif.

FULGENCE. Mais ne savez-vous donc pas que dans des questions importantes, nous avions dans nos rangs des opposants?

L'ÉCRIVAIN. Oui, je le sais, mais vous savez également qu'on les a brisés. Comparez vos trois dernières listes composant la Commission municipale de Paris; voyez ceux qui manquent, et dites-moi pourquoi!

FULGENCE. Leur absence tient à différentes causes.

L'ÉCRIVAIN. On en trouve toujours pour servir de prétextes à de pareilles exclusions. Est-ce une fatalité qui a pesé sur les exclus ou bien une punition infligée par le Préfet, alors que vous ne retrouvez plus dans la Commission municipale ou dans le Conseil général de la Seine ceux qui ont tenu tête au Préfet, notamment dans la question relative à l'extension des limites de Paris?

FULGENCE. Pourriez-vous citer des noms?

L'ÉCRIVAIN. Il me serait facile d'en citer huit au moins, que leur opposition dans cette grave question et dans d'autres importantes ont fait écarter impitoyablement et successivement de la Commission municipale de Paris. En voici un exemple pour l'édification de ceux qui nous écoutent; si cet exemple ne suffit pas, j'en ai d'autres à produire... Parmi ses membres les plus honorés et le plus dignes de l'être, se trouvait, dans la Commission municipale, le chef d'une grande industrie, M. Foucher Le Pelletier. C'était la droiture et l'honnêteté faites homme. Le Souverain l'avait honoré et s'était honoré lui-même en le décorant de sa propre main, afin que cette distinction fût plus flatteuse et pût servir d'encouragement et d'exemple aux nombreux ouvriers qui entouraient le chef de l'État et le grand industriel.

Mais M. Foucher Le Pelletier était membre du Corps législatif, et comme tel, à la Chambre, il osa demander des franchises en faveur des usiniers de l'ancienne banlieue, des franchises très-étendues et qui n'eurent pas l'agrément du Préfet de la Seine. Le député consciencieux tua le conseiller municipal insoumis à M. le baron Haussmann.

FULGENCE. L'exclusion de M. Foucher Le Pelletier provenait de ce qu'il n'habitait plus l'arrondissement où des Conseillers étaient à nommer.

L'ÉCRIVAIN. Je vous attendais là, prévoyant cette excuse. S'il n'eût été punissable aux yeux du Préfet, M. Foucher Le Pelletier, dont l'établissement était situé quai de Javel, pouvait très-régulièrement faire partie des Conseillers chargés de représenter dans la Commission municipale le 15e arrondissement de Paris.

FULGENCE. Qui vous l'a dit?

L'ÉCRIVAIN. Lui-même. Le bon sens est d'ailleurs d'accord avec cette opinion personnelle.

FULGENCE. Rigoureusement, la loi autorisait le Préfet...

L'ÉCRIVAIN. La loi, c'est une sirène pour amorcer les complaisants et les dévoués, c'est un cordon pour étrangler les Conseillers qui déplaisent.

Au surplus, cette dictature si despotique, si musulmane, comme nous le disions tout à l'heure, qui s'est exercée depuis quinze années au grand détriment du Pouvoir et des véritables intérêts de la Ville de Paris, n'a-t-elle pas arraché à l'un des membres les plus distingués de la Commission municipale, à celui qui rappelle le mieux par l'intelligence, la loyauté et le talent, nos anciens et dignes échevins de la Ville de Paris, un triste aveu qui nous annonce l'écroulement prochain de cet échafaudage lézardé qui craque de toutes parts. Devant les électenrs, M. Dewinck a confessé la nécessité, pour la Ville de Paris, d'un Conseil municipal *élu*.

MAITRE PATRICE. Cela pourra lui coûter cher.

LE PÈRE ARSÈNE. S'il s'est compromis aux yeux du Préfet, il a grandi dans l'estime publique.

L'ÉCRIVAIN. Cet aveu, n'en doutez pas, est empreint d'une haute signification. M. Dewinck a senti que la Ville de Paris était lasse enfin de cette dictature préfectorale. En se prononçant pour un Conseil municipal *élu*, il a donné le premier coup de pioche à ce colosse aux pieds d'argile.

FULGENCE. Quand il sera par terre, que mettrez-vous à sa place?

L'ÉCRIVAIN. J'avoue pieusement qu'il est difficile à remplacer.

LE PÈRE ARSÈNE. C'est une succession si

lourde à liquider, qu'on ne saurait l'accepter que sous bénéfice d'inventaire.

L'ÉCRIVAIN. Maintenant, il s'agit de prouver sans réplique possible que cette dictature préfectorale a été plus funeste à l'autorité que n'eût été dangereuse pour le Pouvoir l'élection des membres du Conseil municipal de Paris.

FULGENCE. C'est ici que je vous attends.

L'ÉCRIVAIN. Que voulait le Souverain? Transformer le centre de Paris qui était demeuré tel que le moyen âge l'avait fait péniblement. Cette transformation s'est parfaitement réalisée sous l'habile direction du Préfet actuel, auquel je suis heureux de rendre hommage en cette circonstance. Cette grande entreprise terminée, fallait-il s'arrêter? Non. L'amélioration d'une ville comme Paris n'admet pas de temps d'arrêt; elle doit s'opérer aujourd'hui, demain, toujours, mais avec mesure, sagement, c'est-à-dire sans compromettre le présent, sans engager l'avenir. Dans la permanence des travaux utiles et modérés, le progrès n'est pas la seule nécessité à laquelle il importe de donner satisfaction; il est indispensable également d'occuper les ouvriers parisiens, de favoriser l'industrie du bâtiment, cette bonne mère nourrice de tant d'autres industries. Le Préfet s'est-il arrêté à cette limite tracée par la raison? Le Magistrat s'est jeté à corps perdu dans les entreprises les plus dispendieuses et les moins urgentes; il a voulu réaliser, improviser en quelques années, l'œuvre ordinaire et bien remplie d'un siècle. Les ressources annuelles n'ont pas suffi, les emprunts se sont succédé. Qu'en est-il résulté? Une dépense de près de deux milliards, une progression effrayante de la population de Paris dans le sens des classes nécessiteuses, et pour punition : la cessation des travaux. Comptons maintenant avec l'autorité ; voyons ce qu'elle a gagné ou perdu par le fait de cette dictature préfectorale. Les 400,000 provinciaux ou étrangers qui sont venus grossir le contingent parisien seront-ils les auxiliaires de l'autorité ou ses démolisseurs? A quelques exceptions près, c'est l'écume de nos provinces et la lie de l'étranger qui se sont déversées sur Paris. Ces émigrants ont quitté père, femme, enfants. Qu'ont-ils donc à conserver, à garantir? Rien. En bouleversant, en détruisant, qu'ont-ils à gagner? Tout.

Avez-vous un Bertrand du Guesclin pour vous débarrasser de ces grandes compagnies? Elles resteront dans Paris avec ou sans travail, toujours et quand même. L'autorité est le point de mire de ces bohèmes qui viennent de commencer leurs saturnales en juin dernier; voilà, sans contredit, la grande majorité de ces forcenés qui hurlent dans vos clubs toutes les aberrations, toutes les excentricités les plus monstrueuses et qui feraient dire à l'étranger : Paris est en démence et la société croule. Telle est la première conséquence fatale de cette administration dont vous êtes si fier et que vous appelez si grande. Savez-vous quel nom lui donnera l'histoire? il la condamnera en l'appelant révolutionnaire et régicide.

FULGENCE. Ce jugement est trop sévère pour être équitable.

LE PÈRE ARSÈNE. Qui prétend défendre cette administration l'insulte davantage, si la chose est possible.

L'ÉCRIVAIN. L'exagération de vos grands travaux a produit l'effet d'une pompe refoulante. Elle a rejeté dans Paris ces 400,000 bohèmes.

MAITRE PATRICE. Dans vingt ans, leur nombre aura doublé. C'est votre Préfet de la Seine qui vient de créer, d'improviser cette dérivation provinciale et bourbeuse aux dépens de la Ville de Paris, au grand péril non-seulement du gouvernement actuel, mais de tous sans exception.

L'ÉCRIVAIN. Mais, d'un côté, si ces provinciaux et ces étrangers sont en général hostiles au Pouvoir, voyons si votre administration, de l'autre, a fait des Parisiens les auxiliaires de l'Autorité. — L'extension des limites de la Ville de Paris était une mesure trop grave pour n'être pas prévue. Avez-vous, dès l'application de cette mesure, alors que vous frappiez des taxes d'octroi de Paris l'ancienne banlieue dont la population s'était grossie d'un grand nombre d'ouvriers parisiens, avez-vous obéissant à une sage prévoyance, interrompu vos travaux de luxe dans les quartiers riches, pour donner le strict nécessaire aux nouveaux arrondissements excentriques? Pas le moins du monde, même prodigalité, profusion semblable.

LE PÈRE ARSÈNE. Aussi, dans la Capitale, avons-nous deux Paris : l'un, la ville du luxe, de l'élégance avec toutes ses profusions; l'autre, la formidable cité ouvrière, une triste Sibérie avec toutes ses misères.

MAITRE PATRICE. Ce contraste affligeant excite les convoitises et les haines qui fermentent d'ordinaire dans le cœur de ceux qui souffrent.

L'ÉCRIVAIN. Voulez-vous, maître Patrice, quelques preuves de ces inégalités choquantes qu'on rencontre fréquemment lorsqu'on s'impose l'obligation d'aller dans la rue étudier l'administration de votre Préfet de la Seine? Ici, dans les 2e et 9e arrondissements que sépare le boulevard des Italiens, on a dépensé pour les abords si mesquins de l'Opéra plus de cent millions; là, dans la zone annexée, dans nos arrondissements excentriques, on voit de pauvres femmes disputer à la fange des ruisseaux l'eau qui coule pour laver le pavé des rues, tandis que les bonnes ménagères en sont privées pour nettoyer les blouses de leurs maris ou les langes de leurs enfants.

LE PÈRE ARSÈNE. Ces femmes ne votent pas; mais, lors des élections, elles font voter leur mari au gré de la misère et des privations que vous leur faites subir. Voilà comment votre administration nuit à l'autorité en l'éclaboussant.

MAITRE PATRICE. Et ce pauvre Opéra, empaqueté dans une place, comme un colis !

LE PÈRE ARSÈNE. Un théâtre géant! Une place pygmée!

MAITRE PATRICE. L'Opéra n'a-t-il pas pour se consoler les *Bacchantes de Carpeaux?*

LE PÈRE ARSÈNE. Les dignes matrones des lupanars qui émaillent le quartier de la Chaussée-d'Antin, voyant que les affaires n'allaient pas, ont sans doute, commandé ce groupe. Son succès est monstrueux; jusqu'aux octogénaires qui sentent, en le contemplant, s'épanouir une seconde virilité qu'ils ne soupçonnaient plus.

MAITRE PATRICE. On devrait mettre sur la place lilliputienne de l'Opéra un écriteau portant ces mots : *Les femmes honnêtes ne passent pas.*

LE PÈRE ARSÈNE. Elles y passeraient tout de même.

MAITRE PATRICE. C'est une prime à la débauche.

LE PÈRE ARSÈNE. Au contraire, c'est une résurrection. Ce qui n'était plus rien devient quelque chose; c'est du galvanisme au profit de la vieillesse.

L'ÉCRIVAIN. Et les théâtres municipaux?

MAITRE PATRICE. Plaisante opération dont maître Fulgence va nous détailler les charmes.

LE PÈRE ARSÈNE. Il n'oserait, il est trop pudibond.

FULGENCE. Riez, messieurs, vous êtes Parisiens.

LE PÈRE ARSÈNE. Laissez-nous turlupiner votre administration, c'est l'unique consolation et le seul agrément qu'elle nous ait laissés.

MAITRE PATRICE. Prenez garde, elle pourrait les frapper d'un impôt.

L'ÉCRIVAIN. L'administration, d'un côté, a dépensé plus de 25 millions pour six théâtres municipaux qui ne lui rapportent même pas un revenu certain de 3 pour cent, et de l'autre elle a livré à une compagnie la construction des marchés.

MAITRE PATRICE. En bonne administration, le contraire devait se produire.

L'ÉCRIVAIN. Comme ces exploitations théâtrales avaient sombré successivement, la Ville a dû diminuer le prix des locations. Pour l'un de ces théâtres, pour le *Lyrique*, il a fallu se contenter d'un prélèvement sur les recettes. Quel est ce prélèvement? Maître Fulgence va nous le dire.

FULGENCE. 15 pour cent sur les recettes.

L'ÉCRIVAIN. C'est là, sans contredit, une société municipale et particulière en participation.

LE PÈRE ARSÈNE. Il y a lieu de croire que la part de la ville est bien légère.

L'ÉCRIVAIN. Cette désastreuse opération ne lui laisse même pas un revenu de 3 pour cent, qui diminuera certainement encore dans l'avenir.

FULGENCE. Pourquoi?

L'ÉCRIVAIN. La réunion des théâtres sur les boulevards du Temple et de Saint-Martin avait sa raison d'être. Ces boulevards, d'abord, font partie d'une promenade, la préférée des Parisiens et des étrangers. C'était déjà pour ces différentes exploitations, essentiellement populaires, un principe certain de prospérité. Ensuite leur agglomération avait cet avantage précieux : le succès de l'un faisait le bien-être de tous. En effet, lorsqu'une pièce en vogue attirait la foule que ne pouvait entièrement contenir une de ces salles de spectacle, le trop-plein se déversait dans les autres et les faisait vivre au moins jusqu'à ce que la chance vînt les favoriser à leur tour.

LE PÈRE ARSÈNE. Ce que vous me dites là me paraît juste et très-parisien surtout. Si les théâtres démolis pour livrer passage au boulevard du Prince-Eugène avaient été reconstruits en bordure de la place du Château-d'Eau, les uns à l'endroit où végètent si tristement aujourd'hui *les Magasins réunis*, les autres aux angles des boulevards des Amandiers et du Prince-Eugène, leur prospérité certainement eût été cimentée sur ces deux emplacements qui font partie de la même voie publique.

MAITRE PATRICE. Mais vous oubliez que le Préfet de la Seine, le baron Haussmann, voulait se passer la fantaisie dans le voisinage de son palais, de deux théâtres : *le Lyrique* et *le Châtelet*.

LE PÈRE ARSÈNE. C'est une fantaisie que n'eût pas tolérée un Conseil municipal *élu*.

L'ÉCRIVAIN. Ainsi les théâtres municipaux n'assurent même pas à la Ville de Paris, pour fiche de consolation, un revenu de 3 pour cent, tandis que les marchés, s'ils avaient été construits par elle, et sur des emplacements convenables, c'est-à-dire en plein cœur de population, eussent rapporté 5 pour cent au moins.

MAITRE PATRICE. Cette opération des théâtres est aussi coupable que désastreuse.

LE PÈRE ARSÈNE. Elle ne laisse à l'administration que deux ressources dans l'avenir.

MAITRE PATRICE. Lesquelles?

LE PÈRE ARSÈNE. D'en faire des maisons ordinaires ou *des postes-casernes*.

MAITRE PATRICE. Je voudrais bien savoir quel parti l'on prendrait à l'égard d'un père de famille qui gaspillerait ainsi le patrimoine de ses enfants.

LE PÈRE ARSÈNE. On l'interdirait, et tout de suite, de peur que sa folie ne prît un caractère plus dangereux.

FULGENCE. Ce feu roulant de critique et de protestation qui doit étourdir tout le monde, ne saurait convaincre personne. Je vais essayer d'en faire justice.

LE PÈRE ARSÈNE. Nous sommes curieux de voir comment vous vous y prendrez pour revêtir cette opération d'une robe virginale.

FULGENCE. L'ouverture du boulevard du Prince-Eugène avait nécessité la destruction de sept théâtres savoir : *le Petit-Lazari*, *les Funambules*, *les Délassements-Comiques*, *la Gaîté*, *les*

Folies-Dramatiques, l'ancien Cirque et *le Lyrique.* Fallait-il priver le public qui les fréquentait d'un plaisir auquel il tenait essentiellement? On devait, au contraire, pourvoir au remplacement de ces salles de spectacle, et cela dans le plus court délai possible. Mais l'administration n'avait pas, sous sa main, des compagnies financières disposées à l'édification de ces théâtres ; il fallait donc qu'elle réalisât elle-même, avec ses ressources, une opération qu'elle ne pouvait faire exécuter par d'autres. Cette vérité bien comprise, devait-on, dans la reconstruction de tous ces théâtres ou de la plus grande partie d'entre eux, suivre l'ancien principe, c'est-à-dire continuer leur agglomération sur un seul et même boulevard? Nous avons été d'un avis contraire, et pour deux raisons : parce que cette agglomération était dangereuse, d'abord, parce qu'elle était injuste ensuite. Elle était dangereuse, parce que l'incendie éclatant tout à coup dans un théâtre, se communiquant aux autres, tous ou presque tous étaient condamnés à brûler; elle était injuste, attendu que le boulevard du Temple ne pouvait posséder sept théâtres qu'au préjudice des autres quartiers de la ville. Il y avait donc un double intérêt municipal à satisfaire en disséminant les salles de spectacle dans différentes localités. — C'est ce que nous avons fait. On vient de dire que la ligne des boulevards constituait une des plus belles promenades de Paris, nous avons tenu compte de cette vérité dans la reconstruction du théâtre du Vaudeville sur le boulevard des Italiens.

Sans doute, cette question de la reconstruction des théâtres peut-être controversée; mais il n'y a pas lieu, comme on vient de le faire, de piétiner sur cette opération.

L'ÉCRIVAIN. Je demande la permission de répliquer.

LE DUC. Nous vous écoutons.

L'ÉCRIVAIN. On vient de vous dire : Il y avait urgence à reconstruire les théâtres dont l'ouverture du boulevard du Prince-Eugène avait entraîné la démolition, et cela parce qu'il fallait bien se garder de priver les classes laborieuses d'un délassement qu'on vous a représenté comme indispensable. J'avoue pieusement que je n'aperçois guère l'influence heureuse que le Petit-Lazari, les

Funambules, les Délassements-Comiques et les Folies-Dramatiques exerçaient sur nos classes laborieuses, pour que l'administration se montrât si pressée. Quant à la Gaîté, à l'ancien Cirque, au Lyrique, si l'on pouvait supposer leur reconstruction nécessaire, l'urgence était loin d'en être constatée. Certainement, si le Préfet de la Seine, plus économe des ressources de la Ville, s'était dispensé de prendre les devants, la spéculation s'en fût chargée comme elle l'a toujours fait pour l'édification successive d'un grand nombre de salles de spectacle dans Paris.

LE PÈRE ARSÈNE. Cette solution est certaine.

L'ÉCRIVAIN. J'arrive à un rapprochement curieux et que doit flageller, à la faire saigner, l'argumentation de mon adversaire. D'un côté, voici une administration municipale qui, se proclamant soucieuse des intérêts populaires, s'empresse de construire des théâtres avant la démolition des salles de spectacle du boulevard du Temple; de l'autre, cette même administration, éminemment paternelle, selon maître Fulgence, reste cinq années, après l'extension des limites de Paris, sans songer à faire édifier les marchés indispensables à nos classes laborieuses, qu'on a refoulées dans nos arrondissements excentriques. Ce n'est pas tout : lorsqu'elle y pense, par hasard, après avoir follement dépensé 30 millions pour les théâtres, elle refuse d'en consacrer 8 ou 9 aux marchés, qu'elle livre, de gaieté de cœur, à des capitalistes.

FULGENCE. Il y a dans cette critique un acharnement.

LE PÈRE ARSÈNE. Moins cruel pour le Préfet que votre défense.

FULGENCE. C'est une haine personnelle.

MAITRE PATRICE. Nous le détestons de tout le bien qu'il n'a pas fait à Paris.

L'ÉCRIVAIN. Quant à la question de sécurité, il ne s'agissait pas le moins du monde de reconstruire côte à côte les sept théâtres démolis. Nous avons dit, et nous soutenons, que leur réunion sur le boulevard du Temple, depuis un grand nombre d'années, avait été le principe de leur prospérité qu'on devait respecter sagement en les rétablissant, soit sur la place du Château-d'Eau, soit à l'angle des boulevards du Prince-Eugène, des Amandiers ou de Magenta.

LE PÈRE ARSÈNE. L'angle formé par ce dernier

boulevard avec la rue de Bondy doit être affecté, m'a-t-on dit, à la construction d'un cinquième théâtre municipal : *l'Orphéon,* projet dont la folie ne laisse rien à désirer, même après les opérations dont nous venons de parler.

MAITRE PATRICE. Sa réalisation, si elle avait lieu, en serait le complément. Rien n'empêche les réunions d'orphéonistes dans les cirques Napoléon ou de l'Impératrice, que leur directeur, M. Dejean, prêterait volontiers à la Ville de Paris pour les séances de jour.

L'ÉCRIVAIN. En disséminant les nouveaux théâtres, comme on l'a fait, c'était en compromettre le succès. En effet, les directeurs ou leurs bailleurs de fonds s'y sont ruinés successivement. D'autres qui les ont remplacés aujourd'hui succomberont demain ou après, mais certainement bientôt. Leur chute est une question de temps et de ressources, voilà tout. Si cette combinaison municipale et théâtrale était mauvaise en principe, que dire de son application? Choisir la place du Châtelet, les quais, un pareil emplacement, si triste, si glacé, qu'en y pensant on a la chair de poule, pour établir deux théâtres en bordure de la Seine;

mais c'est une condamnation à mort qui frappe tous les directeurs présents et à venir. Combien ont succombé déjà, qui doivent encore une partie de leur loyer à la Ville de Paris !

LE PÈRE ARSÈNE. En construisant ces deux théâtres si près du fleuve, c'était pour jeter plus facilement notre argent dans la Seine.

MAITRE PATRICE. C'est un plaisir municipal comme un autre.

FULGENCE. Le Préfet s'est trompé quant à l'emplacement, nous en convenons.

L'ÉCRIVAIN. C'est bien heureux. — Mais ce n'est pas tout. Vous prêchiez tout à l'heure, maître Fulgence, en faveur de la séparation et de l'isolement des théâtres. Cependant vous avez encastré la Gaîté et le Vaudeville dans des maisons particulières.

LE PÈRE ARSÈNE. Votre défense, maître Fulgence, est lézardée, elle craque de toutes parts.

MAITRE PATRICE. Quant au Vaudeville, pourquoi ce quatrième théâtre, après la déconfiture des trois premiers ? L'insuccès devait servir de leçon. En cette circonstance encore, il fallait laisser la spéculation reconstruire ce théâtre comme elle avait bâti celui qu'on démolissait. Comment, la Ville de Paris a fait trois opérations théâtrales tristement désastreuses pour en recommencer une quatrième?

LE PÈRE ARSÈNE. Ce qui est encore plus fabuleux, c'est une commission municipale qui, non-seulement laisse faire, mais approuve de pareilles opérations.

MAITRE PATRICE. Patience, patience, ces aberrations étranges sont autant de matériaux qui serviront bientôt à composer l'histoire de cette affligeante dictature municipale.

FULGENCE. Ceux qui composeront cette histoire dans quelques années seront moins passionnés et conséquemment plus justes que vous.

L'ÉCRIVAIN. Vous venez de voir les théâtres construits par la Ville et les marchés édifiés par une compagnie financière; passons maintenant à la question *des Hôpitaux*.

FULGENCE. On reconstruit maintenant *l'Hôtel-Dieu*, qui sera bientôt un hôpital digne de la ville de Paris.

L'ÉCRIVAIN. Écoutez bien ceci, messieurs : Les classes laborieuses, autrefois agglomérées dans le centre de Paris, ont été refoulés, comme vous le savez, dans nos quartiers excentriques. C'eût été faire acte d'humanité que d'élever dans la zone annexée les hôpitaux indispensables à ces localités dont la misère est la triste pourvoyeuse de ces établissements hospitaliers.

L'extension de Paris compte déjà neuf années accomplies, et les malades de nos quartiers excentriques sont condamnés encore à des voyages de long cours; aussi trop souvent les civières longuement ballottées dans les rues de Paris n'apportent que des morts à l'Hôtel-Dieu.

FULGENCE. L'administration municipale vient d'exproprier le terrain nécessaire au nouvel hôpital qui va s'élever à Ménilmontant.

PÈRE ARSÈNE. Quel effort généreux, et comme nos quariers pauvres doivent en être reconnaissants !

FULGENCE. Ces terrains ont coûté 1,500,000 fr.

MAITRE PATRICE. L'emplacement est désert, pas une pierre sur le sol.

L'ÉCRIVAIN. N'oublions pas que la zone annexée renferme une superficie plus considérable que tout l'ancien Paris, que les classes laborieuses sont en majorité dans ce territoire immense auquel on a consacré 1,500,000 francs seulement en neuf années et pour un seul hôpital.

Eh bien! dans le centre de Paris, c'est-à-dire dans un quartier où sont groupés nos plus beaux monuments, mais où la population est clair-semée, dans la Cité, qui ne renfermera plus, dans quelques années, un seul ouvrier, on achève en ce moment la construction d'un hôpital qui absorbera plus de vingt-cinq millions.

LE PÈRE ARSÈNE. Quelle folie orgueilleuse, qui outrage l'humanité comme elle insulte le nom de créateur qui couronne cet hôpital.

MAITRE PATRICE. Avec vingt-cinq millions il eût été facile de doter nos arrondissements excentriques d'établissements hospitaliers, tout en créant, au centre de Paris, un grand *poste médical*, destiné aux personnes victimes d'accidents ou atteintes d'un mal subit dans les rues du centre de Paris.

L'ÉCRIVAIN. Cet Hôtel-Dieu, qu'on peut appeler princier si l'on veut l'insulter, se trouve dans le bas-fond de Paris, entouré d'eau dont l'humidité est funeste à tant de maladies; il ne saurait être qu'un foyer de pestilence et un conservatoire de choléra.

LE PÈRE ARSÈNE. Passez maintenant à la *question des eaux*.

FULGENCE. Paris est doté d'une distribution plus abondante, grâces aux dérivations de la Dhuis et bientôt de la Vanne.

L'ÉCRIVAIN. Cela est vrai, nos rues seront mieux lavées; mais nos femmes d'ouvrier, les bonnes ménagères n'ont pas d'eau pour laver les blouses de leur mari et les langes de leurs petits enfants. C'est un affreux et honteux spectacle que de voir ces pauvres femmes disputer aux ruisseaux boueux l'eau qui s'échappe des *bouches sous-trottoirs*.

LE PÈRE ARSÈNE. Ce sont les quartiers habités par nos artisans et nos ouvriers qui comptent le moins de *bornes-fontaines*.

MAITRE PATRICE. C'est une parcimonie cruellement homicide.

L'ÉCRIVAIN. Une administration pareille ne profite pas plus au Souverain qu'elle ne saurait plaire à Dieu.

LE PÈRE ARSÈNE. Mais Dieu n'a pas de courtisans pour lui cacher la vérité. Parlez-nous maintenant du mode d'exécution *du plan d'ensemble de Paris*?

L'ÉCRIVAIN. Le premier devoir de l'administration municipale eût été de soumettre les résultats de ses études à une enquête sérieuse pour classer ensuite tous les projets par ordre d'utilité et par date d'exécution. Le Préfet a procédé d'une tout autre façon. Après avoir étudié le plan de Paris, d'abord jusqu'à l'ancien mur d'octroi seulement, il a commencé l'exécution de ces projets, ici, là, partout.

L'opinion publique a-t-elle été consultée sur l'utilité générale de ces créations? Pas le moins du monde ; on s'est borné à soumettre à des enquêtes partielles des tronçons de rues ou de boulevards dont il était impossible de discuter la convenance, encore moins la nécessité.

En ce qui concerne les compagnies, loin de provoquer la concurrence en les conviant à l'exécution d'une partie du plan d'ensemble de Paris, le public n'a connu les préférences de l'administration qu'au moment où ces sociétés financières se sont mises en rapport direct avec les expropriés.

LE PÈRE ARSÈNE. Les concessions de rues ou de boulevards ont-elles été parfois données comme les priviléges des théâtres avaient été accordés autrefois?

MAITRE PATRICE. Des propriétaires ont-ils été convoqués en plusieurs circonstances chez des personnages haut placés et plus ou moins intéressés dans ces spéculations de voirie?

LE PÈRE ARSÈNE. A ces opérations clandestines trois associés, en certaine circonstance ont-ils concouru :

1° L'homme de paille,
Sans sou ni maille,

mais servant d'étiquette à l'affaire.

2° Le capitaliste fournissant les fonds;

3° L'homme influent dont le crédit pouvait assurer la concession. La haute intervention de ce troisième personnage, toujours titré, le *Deus ex machina*, était-elle pure, sans alliage ou ruolzée?

S'il ne ressentait qu'une affection bien tendre, toute paternelle pour la Ville de Paris, cette belle mineure, c'était un saint Vincent de Paul de la spéculation ; qu'on présente requête au Saint-Père pour obtenir sa canonisation.

Mais si ce troisième personnage, renouvelé des Grecs, trafiquait de sa haute position pour grossir tout à coup, et sans risque, une fortune toujours insuffisante, ces sortes d'opérations lucratives et véreuses n'offriraient-elles pas un nouveau trait de ressemblance avec le tripotage sur les actions du Mississipi ; il y a de cela près d'un siècle et demi ?

L'ÉCRIVAIN. Si l'on voulait scinder l'exécution du plan d'ensemble de Paris, l'administration s'en réservant une partie pour confier l'autre à la spéculation, il y avait un moyen bien simple et qui eût fait taire toutes les récriminations.

FULGENCE. Lequel ?

L'ÉCRIVAIN. Après avoir classés tous les projets de percements de rues ou de boulevards par ordre d'utilité et par date d'exécution, comme nous le disions tout à l'heure, il fallait annoncer *publiquement* ceux qu'on réservait à la spéculation et convier toutes les sociétés financières à leur réalisation, en ne se décidant que pour celles qui eussent offert à la ville les plus sûres garanties et les plus grands avantages. Mais Paris a été gouverné à huis clos ; des malheurs ou des abus sont les conséquences ordinaires et fatales d'un pouvoir municipal toujours occulte, alors surtout que la publicité est muette, quand la concurrence est morte.

En ce qui concerne les terrains dont l'Administration municipale s'est trouvée successivement en possession et dont la valeur a dépassé en certains temps plus de cent millions, c'est exceptionnellement que le Préfet de la Seine en a publiquement annoncé la vente. Ils ont donc été généralement aliénés, sans publicité, sans concurrence, c'est-à-dire au grand détriment des intérêts de la Ville de Paris.

FULGENCE. Mais vous savez très-bien que des tentatives de publicité se sont renouvelées sans être heureuses.

LÉCRIVAIN. Parbleu, je le crois sans peine, ces terrains étaient annoncés à des prix si élevés qu'ils faisaient fuir les acheteurs.

MAITRE PATRICE. Comment qualifier l'administration préfectorale du baron Haussmann en ce qui concerne la continuation du *boulevar-*

Saint-Germain ? Une section de cette voie avait été réalisée entre le quai Saint-Bernard et le boulevard Saint-Michel. Elle s'arrête encore devant le quartier de l'École de Médecine, l'un des plus encombrés de la rive gauche. La trouée, en se continuant, eût assaini, dégagé ce quartier sillonné de ruelles étroites et malsaines, telles encore aujourd'hui que le moyen âge les avait faites. C'était une de ces améliorations justement réclamées par plus de trente mille habitants avec l'approbation de tout Paris.

Qu'a fait l'autocrate municipal?

Il a discontinué ce boulevard au sud-est de Paris, où il eût été un bienfait, pour exécuter dans le quartier le plus aéré, le mieux dégagé, dans le quartier Saint-Germain enfin, une section complétement inutile, quant à présent, entre la rue de Bellechasse et la place de la Concorde. Et comme il persistait dans cet étrange système, le Conseil d'État s'est dressé devant lui en disant : Vous n'irez pas plus loin.

LE PÈRE ARSÈNE. Voici, messieurs, un fait plus frappant encore de cette espèce d'incohérence ou mieux d'aberration administrative que révèlent les actes du Préfet de la Seine. Il avait commencé l'ouverture d'une grande voie qui, partant de la rue du Temple, en face de la rue de Bretagne, doit aboutir au boulevard des Capucines. Or cette voie ou plutôt cette section de percement s'arrête aujourd'hui en face de la rue Thévenot. Sa continuation rationnelle, de l'est à l'ouest de la ville, eût dégagé des quartiers où la circulation est toujours entravée et parfois impossible. Tout Paris n'avait qu'un sentiment de préférence et d'affection pour ce prolongement dans le sens que je viens d'indiquer.

MAITRE PATRICE. Le Préfet de la Seine ne se soucie guère de l'opinion de ses administrés.

LE PÈRE ARSÈNE. Le baron Haussmann abandonne la continuation de cette voie précisément à l'endroit où Paris étouffe, pour la reprendre où Paris respire à pleins poumons, c'est-à-dire au boulevard des Capucines. Cette section s'opère, la trouée se poursuit dans des voies qui s'appellent rues de la Paix, Neuve-Saint-Augustin, Louis-le-Grand, de Port-Mahon, de la Michodière, Choiseul, de Grammont, etc.

MAITRE PATRICE. Notre adversaire, Fulgence,

pourrait bien nous dire au juste ce que l'administration municipale a dépensé pour la partie de la rue de Réaumur, entre le boulevard des Capucines et la place de la Bourse.

FULGENCE. Cette grande voie qui doit relier les quartiers du Temple, Saint-Martin, Saint-Denis, du Petit-Carreau et du Mail, au boulevard des Italiens et à l'Opéra, n'est-elle pas empreinte d'un véritable caractère d'utilité publique ?

L'ÉCRIVAIN. La question n'est pas là pour le moment ; il s'agit de savoir si la section entre la place de la Bourse et le boulevard des Capucines, section qu'on appelle aujourd'hui *rue du Dix-Décembre*, méritait la priorité sur le prolongement de cette voie par la rue Thévenot jusqu'à la place de la Bourse.

Eh bien ! je dis, je soutiens que l'administration a procédé contrairement à l'équité qui commandait de préférer la section d'urgence à celle qui pouvait attendre. En effet, la circulation était relativement facile entre le boulevard des Capucines et la place de la Bourse, tandis qu'elle se trouve obstruée entre la rue Thévenot et cette place. Est-ce en vue de l'Opéra qu'on cherche une excuse à cette étrange façon d'administrer? Mais l'Opéra est loin d'être terminé, et l'on pouvait fort bien attendre pour lui donner un débouché dont il n'a pas même encore besoin. Cette section, à laquelle on a donné le nom de *rue du Dix-Décembre*, a fait dépenser avec les amorces du boulevard Napoléon III, la démolition et la reconstruction du Vaudeville, conséquences forcées de cette exécution prématurée, plus de 60 millions. Huit hôtels seulement des rues Louis-le-Grand, de la Paix et du boulevard des Capucines ont coûté 17,298,250 fr.

N'oubliez pas, Messieurs, que ces 60 millions n'étaient pas encore complétement payés aux personnes expropriées, lorsque le Préfet de la Seine ordonnait la cessation des travaux dans presque tous les chantiers de la zone annexée, et cela, vous le comprendrez aisément, au grand et cruel préjudice des artisans et des ouvriers refoulés aux extrémités de Paris. Souvenez-vous aussi, Messieurs, que cette interruption qui dure, qui sévit encore, s'est annoncée peu de jours avant les élections, et dites-moi, maintenant, je vous le demande, si cette administration n'a pas grossi le contingent déjà considérable des opposants, au détriment du pouvoir que le baron Haussmann avait mission de favoriser ?

LE PÈRE ARSÈNE. Que de contrastes fâcheux, que d'inégalités choquantes viennent torturer le cœur des Parisiens! Par exemple, d'un côté, l'administration municipale agrandit d'une façon si démesurée la *place du Château-d'Eau*, qu'on a peine à se reconnaître, à se sauvegarder dans son immensité ; de l'autre, elle coupe, elle rogne la *place de la Bastille*.

L'agrandissement de la première, qui n'est pas complet encore, a fait suer à la caisse municipale plus de 20 millions déjà ; le retrécissement de la seconde n'a fait rentrer dans les coffres épuisés de la ville que 1,500,000 francs, produits de la vente des terrains dérobés à cette seconde voie publique.

FULGENCE. La place de la Bastille était, pour ainsi dire, contrefaite. Sur les terrains vendus on a contruit, à l'ouest, un grand bâtiment qui donne à cette voie publique une régularité convenable.

L'ÉCRIVAIN. A ceci je réponds : Les terrains,

dont la place de la Bastille vient d'être dépouillée, étaient voie publique depuis Hugues Aubriot, Prévôt de Paris, qui posa la première pierre de la forteresse, le 22 avril 1370. C'était en quelque sorte le vestibule de cette prison d'Etat.

Lorsqu'on démolit cette forteresse, en 1789, le terrain que cette destruction laissa libre fut réuni à cette petite place. Par le fait de cette fusion même, la place de la Bastille n'avait pas une forme régulière. Toute la question maintenant est de savoir s'il fallait corriger ce défaut de conformation par un agrandissement ou par une réduction de cette place. Pour trancher cette question avec sagesse, il ne faut pas oublier que la place de la Bastille se trouve entre deux agglomérations considérables de population, le faubourg Saint-Antoine d'un côté, la rue de Rivoli de l'autre. En vendant ces terrains, en rétrécissant cette place, en la bloquant à l'ouest par un massif de constructions élevées, évidemment on a neutralisé l'action bienfaisante de ce ventilateur.

MAITRE PATRICE. C'est l'élément provincial qui domine dans l'administration municipale de Paris.

LE PÈRE ARSÈNE. Ce que vous dites là, maître Patrice, n'est malheureusement que trop vrai. En voici une nouvelle preuve : Pourquoi voyons-nous, à l'ouest de Paris, la *place de l'Étoile* si magnifiquement ornée, tandis que, dans la partie opposée de la ville, une autre voie publique, la *place du Trône*, est laissée dans un abandon si coupable qu'il soulève le cœur ? pourquoi ?

MAITRE PATRICE. Est-ce là faire de l'administration sagement distributive?

LE PÈRE ARSÈNE. Sans doute, l'Arc-de-Triomphe de l'Étoile résume nos gloires les plus vives, nos gloires nationales; mais la place du Trône, la grande entrée de Paris, à l'est, est décorée des statues de Philippe-Auguste et de saint Louis, auxquels la France doit aussi de la reconnaissance.

MAITRE PATRICE. Mais la France n'est pas l'administration dictatoriale du Préfet de la Seine.

LE PÈRE ARSÈNE. Et les deux mutilations infligées au jardin du Luxembourg ?

FULGENCE. Vous reprochez à M. Haussmann deux mutilations ; la seconde, vous le savez bien, ne regarde pas le Préfet de la Seine.

L'ÉCRIVAIN. L'enclos des Chartreux fut réuni sous la République au jardin du Luxembourg, dont il devait être l'un des plus beaux ornements s'il eût été dessiné gracieusement, puis entretenu avec soin. Le palais du Luxembourg est aussi bien placé comme monument dans l'estime de l'Europe que dans l'affection des Parisiens. Son jardin devait être considéré comme un sol sacré ; l'amoindrir, le morceler, pour en faire de l'argent, c'est du vandalisme.

FULGENCE. Au point de vue de l'intérêt de la circulation dans cette partie de la ville, il était nécessaire de tracer des rues qui devaient absorber une partie de l'ancien enclos des Chartreux. C'est seulement en qualité de grand voyer de Paris que le Préfet de la Seine s'est occupé de la question.

L'ÉCRIVAIN. Le fait certain, accompli, c'est qu'on a rogné le Luxembourg. Comme on cherche toujours des prétextes aux opérations les plus désastreuses, on en a trouvé en disant : « Cette mutilation est commandée par une nécessité de premier ordre : la circulation qui réclame dans ce quartier des débouchés nouveaux que l'enclos des

Chartreux peut seul leur fournir. » Mais le jardin du Luxembourg pouvait s'entr'ouvrir et livrer passage à cette circulation qui n'était d'ailleurs pas aussi impérieuse qu'on l'a dit. La vraie raison, la seule, c'est qu'on voulait, en vendant ces terrains, faire de l'argent. Heureusement cette opération fiscale n'a pas obtenu tout le succès qu'on en espérait. En cette circonstance, quelle devait être la conduite du Préfet comme premier magistrat de la ville de Paris ? S'opposer à cette seconde mutilation de ce jardin éminemment parisien. Au lieu de protester, il s'est rendu complice de ce morcellement ; — les historiens de Paris ne l'oublieront pas.

MAITRE PATRICE. Si nous passions maintenant à la question des *Finances municipales ?*

LE PÈRE ARSÈNE. Ce sera la morale de toutes les opérations que nous venons de discuter.

L'ÉCRIVAIN. Une question financière ne saurait être tranchée dans une simple conversation ; la raison, c'est qu'elle exige des chiffres que la mémoire ne saurait toujours conserver pour en faire l'application successive. Cependant je me suis formé une opinion par une étude longue et patiente des documents administratifs, et, si vous le désirez, je vous la ferai connaître aussi succinctement que possible.

MAITRE PATRICE. Très-volontiers.

L'ÉCRIVAIN. Le Préfet de la Seine et la commission municipale, depuis 1854 jusqu'en 1867, après avoir tambouriné chaque année, en l'honneur de leur administration paternelle et sagement distributive, ont pris ensuite la parole en ces termes : « Bonnes gens de Paris, toutes ces merveilles auxquelles vous assistez pendant le jour sont improvisées sans troubler le moindrement l'heureux équilibre du budget municipal ; nous avons même des excédants. Habitants de Paris, après le couvre-feu, couchez-vous, dormez tranquilles ou caressez vos femmes, vos magistrats veillent sur vous. »

LE PÈRE ARSÈNE. Jamais le financier Law n'annonça, sous le Régent, ses opérations avec accompagnement de tant de fanfares et de tambours.

L'ÉCRIVAIN. Ce n'est que dans la session ordinaire de 1867 que la vérité commence de poindre à l'horizon financier de la ville de Paris. Le baron

Haussmann fait en ces termes son premier acte de contrition : « Les dépenses du second réseau devaient se répartir sur dix exercices, et seront effectivement terminés en 1868. Elles étaient évaluées par l'administration municipale à 180 millions... *or, le total ne sera pas moindre de 410 millions, toute défalcation faite du produit des reventes de terrains et de matériaux,* » et le préfet ajoute :

« L'ÉCART EST ÉNORME ! »

MAITRE PATRICE. Que dire d'une administration municipale qui, dans ses évaluations, se trompe de 360 millions ?

LE PÈRE ARSÈNE. Quel écart formidable ! le gymnaste *Léotard* et l'intrépide *Bonnaire* n'en ont jamais fait de pareils.

FULGENCE. Le Préfet de la Seine vous explique cet écart en disant : 1° la valeur des immeubles s'est accrue dans une proportion considérable sous la double influence de la prospérité publique et de l'augmentation constante de la population ; 2° les jurys d'expropriation ont enchéri les uns sur les autres, à chacune de leur session ;

3° lorsque l'administration municipale faisait ses évaluations en 1858, elle comptait sans les effets d'une nouvelle jurisprudence du conseil d'État, basée sur un décret réglementaire du 27 juillet 1858 et qui stipule qu'aucune parcelle ne peut être expropriée en dehors des alignements des voies nouvelles, sans mise en demeure du propriétaire, et en cas d'opposition, sans une déclaration d'utilité publique spéciale ; 4° enfin une modification dans la jurisprudence de la Cour de cassation a contribué, d'une manière bien plus grave encore, à renverser toutes les prévisions municipales de 1858.

L'ÉCRIVAIN. A toutes ces excuses il est facile de répondre. Vous comptiez affecter 180 millions à l'exécution du second réseau, vous en avez dépensé 410. Mais cet écart monstrueux n'a pu se produire tout à coup. Dès qu'il s'est accusé, il fallait sonder la profondeur du gouffre...

FULGENCE. Arrêter les travaux.

L'ÉCRIVAIN. Non, sans doute, mais les modérer dans l'ancien Paris, surtout en prévision des dépenses que l'extension de ses limites allait vous imposer. Loin de là, vous les avez continués avec la même exagération qui devait fatalement aboutir à leur interruption complète.

FULGENCE. Mais nous avions des engagements envers l'État et plusieurs compagnies concessionnaires.

L'ÉCRIVAIN. Votre tort est d'en avoir pris autant.

Vous avez mené l'administration à grandes guides avec la folle et coupable ambition de vouloir réaliser en quelques années, avec la baguette d'une fée, une œuvre colossale qui réclamait avec raison un demi-siècle pour s'épargner des déceptions, un repentir et des reproches trop mérités.

Cette exagération devait avoir pour conséquence l'embarras de vos finances et vous lier les bras dans un prochain avenir.

En effet, vos engagements trop onéreux vous ont condamné à recourir au Crédit foncier sans préjudice des emprunts préalables. Vos mouvements pour cela n'en ont pas été plus libres après la sanction de votre traité avec cette grande compagnie financière. Il a fallu vous arrêter et suspendre cruellement tous les travaux dans les quartiers excentriques avant même de leur avoir accordé le strict nécessaire.

Voici maintenant le dernier aveu de votre impuissance après tant de prodigalités. Dans son dernier mémoire à la commission municipale, le Préfet s'exprime en ces termes le 30 octobre dernier.

« Je n'hésite pas à convenir que *je n'avais pas prévu,* et je crois qu'il était difficile de prévoir, combien la liquidation finale des grandes entreprises de voirie et des autres opérations diverses révélerait, pour chacune, de petits suppléments de dépenses, *formant au total de fort grosses sommes,* et que les exercices de 1870 et 1871 devraient consacrer le plus clair de leurs ressources disponibles à couvrir des soldes de décomptes, *avant de fournir les allocations nécessaires pour terminer les travaux des opérations diverses, dont le produit insuffisant de l'emprunt de* 1865 *n'aurait pu assurer l'achèvement.*

LE PÈRE ARSÈNE. Cette confession bien tardive du Préfet de la Seine est un châtiment infligé à son administration imprévoyante.

MAITRE PATRICE. Ce sont les quartiers pauvres qui en souffriront le plus cruellement.

L'ÉCRIVAIN. Nous sommes arrivés au terme de notre discussion ; dans votre conscience, messieurs, cette dictature municipale n'a-t-elle pas été plus funeste à la ville de Paris que l'application du principe de l'élection même la plus hostile? Faites vous-même le bilan de l'administration de M. le baron Haussmann.

FULGENCE. A son actif, j'inscris : transformation manifestement utile du centre de Paris; progression de tous les services administratifs.

LE PÈRE ARSÈNE. A son passif, je mets : Exagération fiévreuse et désordonnée des travaux dans Paris. Dépenses excessives et jusqu'à la folie.

Augmentation foudroyante de la population de Paris par l'envahissement des classes nécessiteuses de la province et de l'étranger sur lesquelles cette exagération de travaux et de dépenses a exercé une attraction irrésistible. — Annexion à Paris de la banlieue suburbaine. — Taxes d'octroi parisien frappant nos artisans et nos ouvriers au moment de leur émigration du centre aux extrémités de la ville. Cessation instantanée des travaux dans nos quartiers excentriques à l'approche des élections. — Résultat de ces élections dont l'administration municipale est en partie la cause, en ce qui concerne surtout l'ancienne banlieue, dont la situation est déplorable.

L'ÉCRIVAIN. Eh bien! maintenant, tranchez la question que j'ai posée : le principe de l'élection appliqué au Conseil municipal de Paris, eût-il entraîné de pareilles conséquences?

LE PÈRE ARSÈNE. Jamais.

L'ÉCRIVAIN. Encore quelques mots, messieurs, et j'ai fini. Paris, sous Philippe-Auguste, en l'année 1200, comptait 185,000 habitants. En 1789, dans l'espace limité de nos jours par le talus gazonné des fortifications, la population n'atteignait pas 600,000 âmes. Elle dépasse vraisemblablement aujourd'hui 2 millions d'habitants. Cette progression inouïe dans le sens des classes nécessiteuses, et, d'après les statistiques municipales elles-mêmes, s'est accusée plus fatalement dans ces quinze dernières années pendant lesquelles s'est exercée la dictature du Préfet actuel.

Eh bien maintenant, voici un calcul de proportion : Si la Prévôté des marchands, sous l'ancienne monarchie, avait administré Paris comme il a été gouverné de nos jours, tout en tenant compte raisonnablement de l'attraction plus irrésistible que cette ville exerce sur la province à notre époque qu'au siècle dernier, la Capitale compterait, en 1870, au moins cinq millions d'habitants sur lesquels cette ville subirait plus de quatre millions six cent mille ouvriers artisans et nécessiteux, réclamant un travail permanent pour le pain de chaque jour.

Au milieu de cet océan dont les flots seraient toujours agités, que deviendraient, je ne dirai pas seulement le pouvoir actuel, mais tous ceux que nos préférences peuvent rêver? Que seraient-ils au milieu de cette mer houleuse?

LE PÈRE ARSÈNE. Des coquilles de noix.

XXII

Le Corps Législatif est appelé à voter le budget extraordinaire de la Ville de Paris. Il doit nommer également les membres qui composeront sa Commission municipale.

Avant d'apprécier cette double mesure, qui n'est qu'un commencement de satisfaction à l'opinion publique, rappelons que M. le Préfet de la Seine, il y a quelques mois, dans son rapport à l'Empereur, avait exprimé le désir de soumettre à la sanction de la Chambre les actes de son administration.

La manifestation si tardive de ce désir, comme il est facile de le comprendre, est sans signification comme sans valeur.

Elle pouvait avoir sa raison, si le Préfet de la Seine eût exprimé, dès son installation comme premier Magistrat de la Ville de Paris, la ferme intention de soumettre le système administratif qu'il entendait poursuivre à l'appréciation préalable du Pouvoir Législatif.

Mais réclamer un contrôle, solliciter une sanction quand ce système, battu par tous les vents contraires, menace de sombrer ; alors que la Chambre ne peut plus rien éviter et doit tout subir de ce passé administratif, c'est évidemment lui infliger une responsabilité qu'il eût été plus honorable de lui épargner.

Était-ce bien, d'ailleurs, au premier Magistrat

de la Ville de Paris qu'il appartenait d'exprimer ce désir dont la réalisation fait disparaître jusqu'aux derniers vestiges de nos franchises municipales?

L'administration de nos anciens et dignes échevins avait toujours été si manifestement intelligente et humaine, si digne de respect, que la simple manifestation d'un contrôle à exercer sur leurs actes par un pouvoir quelconque, fût-il royal, eût été considéré par ces Magistrats comme la plus sanglante injure.

Ils disaient : « Nous ne relevons que de notre honneur. L'Hôtel de Ville est un palais de verre qui laisse voir et permet d'apprécier tous nos actes. »

Si ce contrôle est devenu nécessaire aujourd'hui, on doit l'envisager comme un malheur.

Maintenant, le budget extraordinaire de la Ville de Paris peut-il être considéré comme un document de nature à permettre d'apprécier la situation financière de la Ville de Paris?

Pas le moins du monde.

Ensuite le Corps Législatif procédera-t-il à la nomination des membres de la Commission municipale sur la présentation d'une liste présentée par le gouvernement?

S'il en était ainsi, la nouvelle mesure serait insignifiante, et le contrôle d'aujourd'hui n'aurait pas plus de sincérité, plus d'indépendance et conséquemment plus de valeur que le contrôle d'autrefois.

Cette intervention du Corps Législatif dans l'administration de la Ville de Paris ne saurait être que temporaire; c'est la transition d'une obscurité profonde au demi-jour.

En effet, il faut de longues et patientes études avant de participer utilement à l'administration d'une ville comme Paris.

C'est précisément parce que ces études ont fait défaut dans la Commission municipale, qu'elle a laissé le Préfet de la Seine s'égarer et se perdre dans des entreprises que ne comportaient pas les ressources de la Ville de Paris.

Si nos administrateurs, au lieu de se borner à l'horizon actuel, avaient étudié l'ancienne organisation municipale de Paris, ils eussent trouvé dans le passé de précieux enseignements de nature à sauvegarder le présent.

Certes, dans le Corps Législatif actuel les hommes éminents sont en grand nombre, mais la science administrative, spécialement appliquée à la Ville de Paris, s'y trouve-t-elle suffisante pour projeter la lumière sur les actes d'une édilité qui n'est plus parisienne ?

La majorité de la Chambre est étrangère à Paris ; ses intérêts de famille, de fortune sont en province. Elle ne fait, dans la Capitale, qu'un séjour de quelques mois, encore sont-ils absorbés par des travaux complétement étrangers, d'ordinaire, à l'administration de la Ville de Paris.

Est-il, d'ailleurs, dans l'ordre naturel et régulier que ce soient les Normands, les Picards, les Provençaux qui administrent les Parisiens ?

Tout le passé, c'est-à-dire douze siècles d'une édilité parisienne, merveilleusement organisée, la plus solide assise de l'ancienne royauté, qui, d'une pauvre et chétive bourgade a fait une Capitale, la préférée de l'Europe, tout ce passé glorieux, disons-nous, est hostile à ce renversement de nos franchises municipales.

Plus Paris grandit, moins il doit déchoir. Mais enfin c'est un état transitoire que cette intervention du Corps Législatif dans l'administration de la Ville de Paris ; en cela, nous le croyons, cette transition a sa raison d'être.

Ce que la Chambre doit ambitionner, c'est que la lumière se fasse sur les actes de l'administration municipale dont le chef a réclamé si tardivement un contrôle.

Que le Corps Législatif choisisse des hommes indépendants et qui témoignent de sérieuses et profondes études municipales, et la lumière se fera.

Le Corps Législatif alors comprendra la nécessité pour Paris d'un Conseil municipal *élu* dans des conditions qui sauvegardent également l'autorité souveraine.

Le problème à résoudre n'est pas aussi difficile qu'on le suppose.

XXIII

Retournons dans nos quartiers pauvres, et résumons aussi succinctement que possible les justes réclamations des habitants du 20e arrondissement. Comme on va le voir, ces réclamations laissent en dehors tout ce qui peut se rattacher au luxe; le 20e arrondissement demande le strict nécessaire, — rien de plus. On peut dire qu'il aurait été bien facile de donner satisfaction à des intérêts si légitimes, à des besoins si réels, si nos édiles eussent ajourné des travaux de luxe que ne désiraient même pas les quartiers riches.

Édifices religieux.

Les travaux de maçonnerie de la nouvelle *église Notre-Dame-de-la-Croix* sont terminés; il y a lieu maintenant de donner au plus tôt des accès faciles au monument par la démolition des maisons situées rue de Ménilmontant, et désignées sous les numéros de 51 à 71 inclusivement. Le portail qui se dresse, au midi, devrait être découvert par la suppression des immeubles portant les numéros 61, 63, 65 et 67 de la rue Julien-Lacroix. Ces démolitions, qui permettraient l'entrée facile de l'église, ont un caractère d'urgence. Il faudra plus tard tracer dans l'axe de l'édifice religieux une voie nouvelle qui aboutirait à l'ancien boulevard extérieur, aujourd'hui dénommé boulevard de Belleville.

Marchés.

Dans la partie du 20e arrondissement qui appartenait autrefois à l'ancien Ménilmontant existent deux marchés. L'un est situé, comme nous l'avons dit, dans la rue de Puébla; l'autre est un établissement banal qui absorbe deux fois par semaine le boulevard de Ménilmontant.

Le premier est mal approvisionné et presque désert; le second, en plein vent, est un barrage à la circulation.

Pour donner de la vie au marché de Puébla, la population réclame justement la diminution du prix des places, qui est le même dans cet arrondissement pauvre que dans le quartier Saint-Honoré, au marché des Jacobins.

Il y aurait un moyen infaillible de rendre cet établissement utile à la population : ce serait de prolonger en droite ligne la rue de l'Ermitage jusqu'à la grande rue de Belleville. Ce prolongement complémentaire, comme on va le voir, est saisissant d'utilité publique. La partie basse de la rue de l'Ermitage amène au marché la population de Ménilmontant, comme la continuation de cette voie conduirait naturellement à cet établissement les ménagères habitant la partie culminante de l'ancienne commune de Belleville.

Ajoutez à cet avantage précieux pour le marché la construction certaine de maisons en bordure de ce prolongement, lesquelles seraient promptement habitées et donneraient de l'animation à cet établissement.

Mais si les deux extrémités nord et sud de cette partie, la plus importante du 20e arrondissement, sont appelées dans un avenir prochain à recevoir une satisfaction complète sous le rapport de l'approvisionnement, il ne faut pas oublier la partie médiane de ces quartiers. Tout un groupe de population qui dépasse 20,000 âmes est privé de marché. Il faudrait au plus tôt créer un de ces établissements dans la grande rue de Ménilmontant. L'administration municipale aurait dû profiter de la démolition de l'ancien établissement des *Barreaux-Verts*. C'eût été la meilleure place pour un marché, en plein cœur de population.

Écoles et Salles d'asile.

Les habitants du 20ᵉ arrondissement voient avec une véritable satisfaction l'autorité municipale se préoccuper des besoins de l'instruction primaire dans ces localités pauvres : 5 écoles de garçons ont été créées depuis l'annexion, 3 écoles de filles et 2 salles d'asile. Ces divers établissements peuvent recevoir ensemble plus de 2,300 élèves. Le nombre des enfants admis à profiter du bénéfice de l'instruction primaire a été porté ainsi à 5,730; il était de 2,389 en 1860.

Tout en se montrant reconnaissants du bien qui a été réalisé, les habitants du 20ᵉ pensent avec raison qu'il reste beaucoup à faire en faveur de leurs quartiers populeux sous le rapport des établissements scolaires. Plus de la moitié des enfants sont privés d'instruction faute d'établissements suffisants; c'est encore la partie médiane du 20ᵉ qui souffre de cette privation. Il faudrait au plus tôt établir de nouvelles écoles dans la rue des Partants, à 100 mètres environ de la rue de Puébla. — C'est, au reste, le projet de l'administration, et nous n'avons qu'à lui dire : Réalisez-le le plus tôt possible.

Établissements Municipaux.

Il y aura un an le 9 janvier 1870 que les ouvriers ont été renvoyés de la *mairie* en construction. Cette interruption de travaux est désolante pour toute la population, dont la plus grande partie est condamnée à des voyages de long cours pour se rendre à l'ancienne mairie de Belleville, reléguée à l'extrême limite du 20e dans l'ancienne guinguette échevelée de l'*Ile-d'Amour* !

Postes de Police.

On nous charge également d'adresser à l'autorité municipale une réclamation bien fondée contre l'absence complète de *postes de police* dans la partie culminante du 20e arrondissement. Il serait également à désirer, en raison de la grande étendue de ce territoire, dont plus de la moitié est un désert, un véritable coupe-gorge, qu'on augmentât le nombre des sergents de ville, trop clair-semés, perdus dans l'immensité de ces quartiers.

Distribution des Eaux.

M. le Préfet de la Seine nous apprend, *dans un communiqué*, que 120 *bouches d'eau ou bornes-fontaines* existent dans le 20e arrondissement. Malheureusement le Magistrat n'établit aucune distinction entre le nombre des bornes-fontaines et celui des bouches d'eau. Les premières sont humaines et bienfaisantes ; les secondes, odieuses et homicides. En effet, l'eau qui coule des bornes-fontaines peut être recueillie, claire et pure, par la femme de l'ouvrier, par la bonne ménagère, tandis que sa pauvreté la condamne à disputer à la fange des ruisseaux celle qui s'échappe des bouches sous-trottoirs.

Nous avons parcouru les voies publiques du 20e, celles qui renferment la population la plus agglomérée de cet arrondissement, et nous affirmons n'avoir rencontré aucune borne-fontaine, tandis qu'elles sont espacées, inutiles devant des clôtures en planches d'une longueur énervante et sans aucune habitation. Le porteur d'eau prélève dans le 20e un impôt de 40 francs par an sur chaque ménage d'ouvrier. — C'est une honte municipale.

Éclairage.

L'Administration a fait poser, depuis l'annexion, 600 appareils à gaz et 161 appareils alimentés par l'huile dans le 20e arrondissement. Toutefois il arrive trop souvent que la Compagnie concessionnaire, ambitionnant une économie lucrative, compte sur le *clair de lune*. Mais cet astre ne voulant pas se montrer complice de cette parcimonie, se dérobe; alors ce qu'il y a de plus clair, c'est qu'on n'y voit goutte. Comme la lune ne figure pas en qualité de partie contractante dans le traité avec la Ville de Paris, il n'y a pas lieu de compter sur elle et de la rendre responsable.

Travaux de grande Voirie.

Un décret impérial, daté de Vichy, le 28 juillet 1862, a déclaré d'utilité publique, au profit du 20e arrondissement, les opérations de voirie ci-après :

... Art. 4. L'élargissement sur 20 mètres de largeur de la rue Drouin-Quintaine, et l'ouverture d'une rue B, également de 20 mètres de largeur, se rattachant à la rue Drouin-Quintaine pour relier l'ancienne barrière de Pantin au cours de Vincennes, avec embranchement vers la nouvelle église de Belleville.

Art. 5. L'ouverture d'une rue C, de 20 mètres de largeur, entre la place de Ménilmontant et un rond-point à ménager derrière le cimetière du Père-Lachaise, à la rencontre de la rue ci-dessus.

Art. 6. L'ouverture d'une rue D, de 20 mètres de largeur, destinée à relier le rond-poind projeté derrière le cimetière du Père-Lachaise à la porte de Romainville.

Art. 7. L'ouverture d'une rue E, devant former, sur 20 mètres de largeur, la continuation de la rue C à la porte de Bagnolet.

Telles sont les voies déclarées d'utilité publique depuis 1862, au profit du 20e arrondissement. Une seule est exécutée en partie, celle qu'on appelle aujourd'hui *rue de Puébla*. Elle part maintenant de la rue Drouin-Quintaine (19e arrondissement) et aboutit seulement à la rue de Bagnolet, qui est la grande voie de l'ancien Charonne. Pour donner à la rue de Puébla une certaine valeur au point de vue de la circulation, il faudrait qu'elle débouchât au plus tôt dans l'avenue de Vincennes.

Les travaux entre la rue de Bagnolet et cette avenue ont été à peu près interrompus pendant six mois, et la rue de Puébla, bordée seulement de clôtures en planches, est une voie sans utilité, sans animation, morte. Avec moins de cent mille francs et quinze jours de travail on la compléterait.

C'est ce que demandent avec instance les habitants du 20e.

La rue C serait également précieuse d'utilité, publique en ce qu'elle donnerait accès à la nouvelle église au profit des habitants de l'est de cet arrondissement. En 1862 on pouvait l'exécuter à peu de frais, le tracé ne rencontrant alors que des terrains; aujourd'hui, des constructions les couvrent en partie, et la dépense sera plus que doublée.

Quant aux deux autres voies D E, elles sont restées également à l'état de projets. Leur exécution eût pratiqué d'heureuses coupures dans ce territoire dont l'immensité est improductive, en provoquant la construction de petites maisons avec logements d'ouvriers.

En ce qui concerne l'ancien Charonne, le plan officiel indique un seul projet, mais il nous paraît empreint d'un véritable caractère d'utilité publique. C'est une voie qui, partant de la place de la Réunion, aboutirait au boulevard du Prince-Eugène.

Les projets de l'administration municipale, en ce qui concerne la viabilité dans le 20e arrondissement, sont heureusement étudiés, bien compris, alors qu'ils ont pour but d'établir des communications faciles entre Charonne, Ménilmontant et Belleville.

Nous devons ajouter que leur direction vers

les nouvelles portes de Paris est également empreinte d'un véritable caractère d'utilité publique.

Mais il faut bien le reconnaître : sous le rapport des voies perpendiculaires à la Seine, l'insuffisance est des plus fâcheuses. Peu de projets sont indiqués sur le plan officiel pour les voies se dirigeant sur l'ancien Paris.

Cependant ce devrait être là, selon nous, le grand intérêt auquel il importerait de donner au plus tôt une satisfaction complète.

En effet, Paris alimente toutes les modestes industries qui sont venues se fixer dans le 20e arrondissement et qui tendent à s'agglomérer à l'est de cette ville. C'est un va-et-vient de chaque instant, un contact perpétuel, surtout avec les quartiers du Temple, Saint-Martin et Saint-Denis.

Deux voies publiques seulement servent de courant à la population du 20e arrondissement vers le centre de Paris : la rue de Belleville et la rue de Ménilmontant.

Mais l'une et l'autre sont des voies si déclives qu'elles deviennent trop souvent des obstacles à la fusion des quartiers de l'ouest et du centre. Il y a donc là quelque chose à faire.

Il ne faut pas oublier également que le développement du 20e, dans le sens horizontal, est d'environ 3,000 mètres.

Eh bien! cet immense territoire possède seulement quatre grandes percées plongeant dans Paris ; voici la distance de chacune d'elles :

	mètres
De la rue de Belleville à la rue de Ménilmontant.....................	620
De la rue de Ménilmontant à la rue de Bagnolet.....................	1310
De la rue de Bagnolet à la rue de Montreuil.....................	610
De la rue de Montreuil au cours de Vincennes.....................	460
Ensemble......	3000

On comprend aisément pourquoi la plus grande partie du 20e arrondissement présente l'aspect affligeant d'un désert ; dans ces tristes et misérables quartiers, qui forment un contraste affligeant et coupable avec les arrondissements de l'ouest, tout semble inanimé, mort. Comment y apporter le mouvement qui féconde et le travail qui moralise? Comment improviser au profit de nos classes laborieuses un nombre considérable de petits logements à des prix accessibles aux ouvriers et aux artisans?

Dans ce vaste territoire, pratiquez de nombreuses et intelligentes coupures. Le prix que l'Administration municipale a payé pour jeter par terre huit hôtels seulement des rues de la Paix, Louis-le-Grand et du boulevard des Capucines, suffirait, et au delà, pour opérer la transformation complète du 20e arrondissement et faire de cette affreuse Sibérie une ruche parisienne.

Nous dévouant à cette pensée de régénération, nous avons tracé sur le plan d'ensemble et officiel des voies que nous qualifions de *complémentaires*. Elles viennent, pour ainsi dire, se souder aux grandes artères exécutées ou projetées par l'administration municipale. Toutes ces voies complémentaires dont voici le dénombrement, nous paraissent donner satisfaction à des besoins qui se manifestent, à des nécessités qui s'accusent.

COTÉ OUEST *ou de Belleville.*

1° *Prolongement de la rue du Borrégo*, d'un côté, depuis la rue Haxo jusqu'à la grande voie allant du rond-point devant la nouvelle mairie pour se diriger ensuite sur la porte de Romainville; de l'autre, de la rue Pelleport à la rue de Puébla, à l'angle de la rue de l'Est.

2° *Voies appelées à desservir le nouveau marché de Puébla.* 1° Continuation de la rue de l'Ermitage jusqu'à la Grande-Rue de Belleville, en face de la rue de Romainville; 2° Continuation de la rue des Cascades jusqu'à la Grande Rue de Belleville, à l'angle de la rue Compans et traversant l'impasse des Chevaliers; 3° Voie à créer, partant de l'angle gauche du marché pour aboutir à la Grande-Rue de Belleville, en face de la rue des Prés.

3° *Continuation de la rue Pelleport*, en ligne droite, de la rue du Borrégo à la place circulaire devant la nouvelle mairie.

4° *Voie* entre la nouvelle église Notre-Dame-de-la-Croix de Ménilmontant et la rue de Puébla, en face la rue des Moulins.

PARTIE MÉDIANE *ou de Ménilmontant.*

1° Continuation du boulevard de Ménilmontant d'un côté, jusqu'à la nouvelle église Notre-Dame-de-la-Croix, de l'autre jusqu'à la rue de la Vera-Crux, en redressant une partie de la rue Rébeval.

2° *Chemin de fer de ceinture.* — Le voûter comme on a couvert le canal Saint-Martin, dans le but de faire disparaître cette coupure dans la traversée de Ménilmontant, qui est un barrage opposé à la circulation, au grand détriment surtout de la partie nord du 20e arrondissement.

3° *Régularisation* de la rue de la Mare, dont la situation actuelle est affligeante.

4° *Voie nouvelle* de la place de la Mairie au mur du Père-Lachaise, dans lequel il faut ouvrir une porte pour épargner aux convois qui viennent de la Villette, de Belleville, de Ménilmontant et de Charonne un long détour et une montée des plus pénibles pour atteindre la partie culminante du cimetière où l'on enterre les pauvres gens.

5° *Régularisation* de la rue des Partants et son prolongement direct jusqu'au boulevard de Ménilmontant.

COTÉ EST *ou de Charonne.*

1° *Création* d'une voie entre la place circulaire devant la nouvelle mairie du 20e et la porte de Montreuil;

2° *Ouverture* d'une voie entre la place de la Réunion, à Charonne, et l'avenue de Bouvines (11e arrondissement).

Tels sont les projets qui nous paraissent compléter ceux de l'Administration municipale.

Nous les avons tracés sur un plan, en désignant par une teinte *bleue* ceux qui sont officiellement arrêtés, et par une teinte *orange* les nouvelles percées que nous proposons.

Ce plan mentionne également des tronçons de voies dont la désignation était impossible sans le secours d'un document graphique.

Anciens Boulevards. — Voie Militaire.

En procédant à la transformation de nos anciens boulevards extérieurs, comment l'Administration municipale a-t-elle pu, de gaieté de cœur, accorder la priorité à ceux qui limitent les quartiers riches sur ceux qui côtoient les quartiers pauvres ?

En administration intelligente et humaine, le contraire devait avoir lieu.

En effet, les boulevards de l'ouest sont à proximité des plus belles promenades; ils ont, en quelque sorte les Champs-Élysées, le jardin des Tuileries, le Parc de Monceau, le Bois de Boulogne dans leur voisinage, à leur disposition, tandis que les boulevards de l'est, servant de limites aux anciennes communes de Ménilmontant, de Belleville et de Charonne, formant aujourd'hui une grande partie des 19e et 20e arrondissements de Paris, n'ont que des chaussées mal pavées, des plantations rachitiques qui meurent faute d'entretien.

Il y a lieu de réparer au plus tôt cette injustice administrative en transformant les boulevards de l'est, qui seraient si précieux aux femmes et aux enfants de nos ouvriers.

Quant à la *voie militaire* qui rayonne autour de Paris, pourquoi ne pas la compléter dans le 20e arrondissement en expropriant les 22 mètres de zone nécessaire pour lui donner la largeur assignée par le décret impérial, c'est-à-dire 40 mètres?

En possession successive de ces terrains, l'Administration devrait dire : « Comme il est ici question d'un arrondissement excentrique, où se réfugient forcément nos classes laborieuses ; attendu que je veux avoir raison de la cherté calamiteuse des petites locations, je vends ces terrains le prix qu'ils m'ont coûté. Mais comme ce prix est essentiellement avantageux, j'impose aux acquéreurs l'obligation de construire dans un délai qui ne doit pas excéder une année. »

Moyens de locomotion. — Omnibus et chemin de fer de Ceinture. Autrefois, avant l'extension des limites de Paris, une ligne d'omnibus desservait tous les anciens boulevards extérieurs de la rive droite. Aujourd'hui ces voitures s'arrêtent près de l'emplacement occupé avant 1860 par la barrière de Belleville, en laissant en dehors du mouvement tous les boulevards de l'est, c'est-à-dire ceux qui sont les plus pauvres et conséquemment les plus dignes d'intérêt.

Cette privation s'accuse injuste et coupable dans un parcours de 6,225 mètres.

Quant à la *voie de fer* qui rayonne autour de

Paris, prochainement, nous l'espérons, la compagnie créera une troisième classe qui lui facilitera le moyen d'abaisser son tarif, en permettant à l'ouvrier de se transporter d'un arrondissement excentrique dans un autre sans faire une dépense onéreuse toujours prélevée sur le nécessaire de la famille.

Ici, arrêtons-nous. En ce qui concerne le 20e arrondissement, notre tâche est remplie. Certes, nous n'avons pas la prétention de l'avoir su défendre avec toute l'habileté que réclamait son bon droit; mais là où le talent nous manquait, le cœur au moins n'a jamais fait défaut.

Réussirons-nous dans le bien que nous ambitionnons en faveur de ces tristes quartiers? Ferons-nous cesser toutes ces inégalités choquantes qu'on rencontre à chaque instant dans la distribution des grands travaux dans Paris? Oui, certainement, nous réussirons; souvent il ne faut qu'une goutte d'eau pour faire déborder le vase.

3985 — Typ. Morris père et fils, rue Amelot, 64.

PARIS. — TYPOGRAPHIE MORRIS PÈRE ET FILS, RUE AMELOT, 64.

www.ingramcontent.com/pod-product-compliance
Ingram Content Group UK Ltd.
Pitfield, Milton Keynes, MK11 3LW, UK
UKHW031837260826
14628UKWH00001B/437

9 782014 435788